Lingua e vita d'Italia

Corso intensivo d'italiano

von
Katerin Katerinov
Maria Clotilde Boriosi Katerinov

Lehrbuch 2

Langenscheidt
BERLIN · MÜNCHEN · WIEN · ZÜRICH

Begleitmaterialien zu diesem Buch:

Arbeitsbuch 2, Best.-Nr. 49346

Schlüssel 2, Best.-Nr. 49347

Text-Cassette 2 (Dialoge, Übungen zur Aussprache), Best.-Nr. 84261

Lehrerhandreichungen 1 & 2, Best.-Nr. 49343

Zeichnungen: Roberto Molino

Umschlaggestaltung: graphik-dienst A. Wehner

Fotos: Archivio Edizioni Scolastiche Bruno Mondadori
– Arnoldo Mondadori Editore –
Centro Documentazione Arnoldo Mondadori Editore
– Ferrari Grazia Neri – Maserati –
Olympia

Auflage:	8.	7.	6.	5.	4.	Letzte Zahlen
Jahr:	1992	91	90	89	88	maßgeblich

Druck: Druckhaus Langenscheidt, Berlin
Printed in Germany · ISBN 3-468-49345-2

Einführung zu diesem Lehrbuch

Lingua e vita d'Italia ist ein modernes italienisches Lehrwerk für die Erwachsenenbildung und für weiterführende Schulen. Es ist auf zwei Bände angelegt und zielt auf die effiziente Vermittlung kommunikativer Fertigkeiten. Der vorliegende zweite Band enthält die *Unità* 14–25 und schließt nahtlos an Band 1 an.

Lingua e vita d'Italia ist aus der Unterrichtspraxis heraus entstanden. Alle Teile dieses Lehrwerks wurden von den Autoren vor ihrer Drucklegung im Unterricht erprobt und zu dem vorliegenden Kurs weiterentwickelt. In methodisch-didaktischer Hinsicht fußten sie dabei auf den Prinzipien, die vom Europarat für den Fremdsprachenunterricht entwickelt wurden *(livello soglia),* wie auch auf den Lernzielbestimmungen des Deutschen Volkshochschulverbandes, mit denen sie als Leiter zahlreicher Fortbildungsveranstaltungen im deutschsprachigen Raum eingehend vertraut geworden sind.

Zu dem vorliegenden **Lehrbuch 2** gehören Lehrerhandreichungen, ein Arbeitsbuch, der Schlüssel für die Übungen sowie eine Text-Cassette mit der Aufnahme aller Dialoge und ausgewählter Übungen (durch das Symbol markiert). Das Lehrbuch ist reichhaltig mit zweifarbigen **Illustrationen** und didaktisch verwertbaren Fotos und Dokumenten versehen. Alle bildlichen Materialien unterstützen das Textverständnis und sind in die Übungsabläufe und Transferphasen der einzelnen *Unità* einbezogen.

Im Mittelpunkt der Lektionen stehen die **Dialoge,** deren lexikalische und grammatische Strukturen in Mikro-Dialogen weiter aufbereitet und vertieft werden. Die Auswahl der in den Texten dargestellten Themen, Situationen und Sprechintentionen erfolgte nach Maßgabe ihrer Relevanz für einen Aufenthalt in italienischsprachiger Umgebung. Sie werden ergänzt durch narrative **Texte,** die den Lernenden mit Phänomenen der italienischen Kultur und Landeskunde vertraut machen und u. a. der modernen italienischen Literatur oder der Presse entnommen sind.

Alle Texte werden von zahlreichen **Übungen** begleitet. Fragen zum Textverständnis, Transferübungen, Umform- und Einsetzübungen sowie Tests am Ende einer jeden Unità stellen ein differenziertes Übungsangebot dar. Weiter findet der Lerner Übungen, die ihn in der italienischen **Aussprache** und Intonation schulen.

Die **Grammatik** wird im vorliegenden Lehrbuch im wesentlichen abgeschlossen und ist durch Übersichten vertreten, die die vorgestellten grammatischen Strukturen veranschaulichen. Eine systematisierende lehrbuchbegleitende Grammatik findet der Lerner im Arbeitsbuch. Diese ist kontrastiv im Hinblick auf die Belange der deutschsprachigen Lerner angelegt.

Dieses Lehrbuch enthält ferner ein ausführliches analytisches Inhaltsverzeichnis, im Anhang ein nach Lektionen geordnetes italienisch-deutsches Wörterverzeichnis wie auch ein alphabetisches (italienisches) Glossar mit Verweisen auf die in den einzelnen Lektionen auftretenden Wörter.

DER VERLAG

Lingua e vita d'Italia

Unità 14

Le professioni preferite dagli italiani

I.1.

Signor Sabin Suo figlio è già laureato?

Signor Rossi No, frequenta l'ultimo anno di medicina.

Signor Sabin Ha scelto una facoltà lunga e difficile...

Signor Rossi Direi che è più lunga che difficile, ma per lui non è un problema: gli piace molto studiare.

Signor Sabin Ho sentito che ci sono troppi medici in Italia. È vero?

Signor Rossi Sì, ma ci sono anche tanti ingegneri, architetti, avvocati...

Signor Sabin E anche tanti insegnanti, no?

Signor Rossi Infatti. Ma forse non sa che tra gli insegnanti ci sono più donne che uomini.

Signor Sabin Come mai? Non guadagnano abbastanza?

I.2. Esercizi orali

1. Trasformate le seguenti frasi secondo il modello:

È una facoltà lunga e difficile.
È più lunga che difficile.

1. È una facoltà lunga e difficile.

   ....

2. È una professione interessante e conveniente.

   ....

Signor Rossi	Con i loro stipendi non si può certo mantenere una famiglia.
Signor Sabin	Ma in fondo per una donna è la professione ideale, anche se è più faticosa che conveniente.
Signor Rossi	Sì, perché le permette di seguire anche la famiglia.
Signor Sabin	In Italia l'ingresso alle facoltà non è programmato?
Signor Rossi	No, finora non esiste il numero chiuso: ognuno può scegliere la facoltà che gli piace.
Signor Sabin	Allora ci saranno molti disoccupati!
Signor Rossi	Non Le dico quanti!
Signor Sabin	È un problema da risolvere.
Signor Rossi	Sì, ma non è facile.
Signor Sabin	È chiaro che non è semplice, tuttavia non si può rimandare. ◎ aufschieben

3. È una casa brutta e cara.

....

4. È un'esperienza utile e bella.

....

5. È una macchina veloce e sicura.

....

2. Completate i seguenti dialoghi secondo il modello:

È un lavoro conveniente?
No, è più faticoso che conveniente.

1. È un lavoro conveniente?

....

2. È un lavoro facile?

....

3. È un lavoro semplice?

....

4. È un lavoro bello?

....

5. È un lavoro interessante?

....

3. Come sopra:

Il numero di donne e di uomini è uguale?
No, ci sono più donne che uomini.

1. Il numero di donne e di uomini è uguale?

....

2. Il numero di ragazzi e di ragazze è uguale?

....

3. Il numero di ingegneri e di architetti è uguale?

....

4. Il numero di giovani e di vecchi è uguale?

....

5. Il numero di radio e di televisori è uguale?

....

I.3. Rispondete alle seguenti domande:

1. Il figlio del signor Rossi è già laureato?
2. Perché per lui non è un problema frequentare una facoltà lunga e difficile?
3. Tra gli insegnanti ci sono più uomini o più donne?
4. Gli insegnanti guadagnano molto?
5. Perché la professione di insegnante è l'ideale per una donna?
6. In Italia esiste il numero chiuso?
7. Che cosa succede allora?

II.1. Esercizi scritti

1. Completate i seguenti dialoghi secondo il modello:

Paolo ha comprato una macchina rossa.
Perché proprio rossa?
Perché *gli* piace il rosso.

1. Marco non va mai alla partita?
   No.
   Come mai?
   Perché il calcio non .... interessa.

2. Pietro non prende il caffè?
   No, perché .... fa male.

3. Franco ha preso la mia macchina.
   Perché?
   .... serviva per accompagnare Marta.

4. Perché Lucio è andato via?
   Perché .... dava fastidio il rumore che c'è qui.

5. Pino cerca un altro lavoro.
   Come mai?
   Perché lo stipendio che prende non .... basta per vivere.

2. Come sopra:

Carla ha comprato un altro vestito.
Ne ha già tanti!
Sì, ma *le* piace seguire la moda.

1. Luisa non è andata a vedere quel film?
   No.
   Come mai?
   Perché il cinema non .... interessa.

2. Laura non beve il vino?
   No, perché .... fa male.

3. Marta ha preso la mia macchina.
   Perché?
   .... serviva per andare a Napoli.

4. Perché Rita è andata via?
   Perché .... dava fastidio il rumore che c'è qui.

5. Susanna cerca un altro lavoro.
   Come mai?
   Perché lo stipendio che prende non .... basta per vivere.

3. Come sopra:

Fra i laureati ci sono molti disoccupati?
Non *Le* dico quanti, signor Sabin!

1. Mi va di bere qualcosa.
   .... va una coca-cola?
   Sì, grazie.

2. Ho dimenticato la penna a casa.
   Se .... serve, ... do la mia.

3. È nuovo questo vestito?
   Sì, ... piace?
   Sì, è davvero carino.

4. .... posso chiedere un favore?
   Dica pure!
   .... dispiace chiudere la porta?
   Ma certo!

5. Quando mi darà una risposta?
   .... telefono domani a casa.

4. Come sopra:

Perché i tuoi amici non hanno bevuto il vino rosso?
Perché *gli* piaceva di più quello bianco.

1. Perché Carlo e Mario non sono rimasti di più in Francia?
   Perché non .... bastavano i soldi.

2. Devo scrivere oggi stesso a mio padre e mia madre.
   È molto tempo che non .... scrivi?
   Sono almeno due mesi.

3. Che cosa regalate a Marco e Rita per il loro matrimonio?
   Forse .... regaliamo un servizio di piatti.

4. Claudio e Lucio vengono con noi?
   No, ... dispiace, ma non possono.

5. I Suoi amici hanno poi comprato quella bella casa al mare?
   No, perché .... sembrava un po' troppo cara.

5. Come sopra:

Come mai Sandra e Gina non partono con gli altri?
Perché non *gli* piace viaggiare in aereo.

1. Devo telefonare ad Anna e Rita.
   Se .... telefoni adesso, le trovi senz'altro.

2. Paola e Marta vengono con noi?
   No, ... dispiace, ma non possono.

3. Franca e Laura hanno problemi di soldi?
   Sì, lo stipendio che prendono non .... basta per vivere.

4. Maria e Carla pensavano di andare in centro, ma non ci sono autobus.
   Se vogliono, ... do io un passaggio.

5. Silvia e Luisa non vanno alla partita con i loro ragazzi?
   No, perché il calcio non .... interessa.

6. Come sopra:

I tuoi genitori aspettano da te una lettera. Quando gli scrivi?
Scrivo *loro* stasera.

1. Aldo e Marta aspettano da te una telefonata. Quando gli telefoni?

   ....

2. Sergio e Mario aspettano da te una risposta. Quando gli rispondi?

   ....

3. Anna e Sara aspettano da te due parole. Quando gli parli?

   ....

7. Hobbies

Ho una gran passione per la musica.

Che genere di musica Le piace?

Mi interessa soprattutto la musica folk.

Ha molti dischi?

Ho più cassette che dischi.

Però deve ammettere che l'incisione su dischi è più perfetta.

Sì, ma le cassette mi permettono di ascoltare la musica anche in macchina.

1

A Luisa piace tanto lavorare a maglia.

Allora sarà bravissima!

Infatti fa delle cose meravigliose.

Sa anche cucire?

Sì, ma le piace di più il lavoro ai ferri.

Allora perché non le chiedi di fare un golfino anche per me...?

2

A chi scrivi?

A mio fratello.

Se non sbaglio gli hai già mandato tre cartoline.

È vero, ma gli piace riceverne tante perché fa la collezione. ◎

3

8. Leggete i seguenti dialoghi

I miei figli lavorano già.
I miei, invece, studiano ancora.

Posso vedere i tuoi giornali?
Non sono miei, sono del signore seduto davanti a me.

Scusi, signore, posso vedere i Suoi giornali?
Prego, faccia pure!

Marco è più giovane dei suoi compagni?
No, è più vecchio di loro.

Rita è più grande dei suoi compagni?
Sì, è più grande di loro.

I vostri genitori sono anziani?
Abbastanza: il babbo ha 60 anni e la mamma 57.
Allora sono più vecchi i nostri genitori.

Gli insegnanti guadagnano molto?
No, i loro stipendi non sono alti.

Ho finito le sigarette.
Fuma una delle mie.
Grazie, ma le tue sono troppo leggere.

Quali sono le Sue idee in fatto di politica?
Non m'interessa la politica.

Grazie delle vostre gentili parole!
Era il minimo che potevamo dirLe per un lavoro così bello!

Le nostre telefonate sono sempre lunghe.
Parlate in teleselezione?
Sì, e spendiamo un capitale!

Franco ha dei vestiti molto eleganti.
Sì, e anche le sue camicie sono sempre all'ultima moda.

Marta ha dei vestiti molto eleganti.
Sì, e anche le sue scarpe sono sempre all'ultima moda.

I tuoi amici sono molto noiosi.
Perché?
Perché parlano solo delle loro avventure.

II.2. Vita d'impiegato

Doktortitel

Signor Frisch Perché con la laurea che ha preferisce fare l'impiegato? 4

Signor Sarti Perché mi interessa avere uno stipendio fisso. 5

Signor Frisch È un impiegato dello Stato?

Signor Sarti No, sono impiegato in un'industria privata. 6

Signor Frisch Che orario di lavoro fa?

Signor Sarti Otto ore al giorno, escluso il sabato. 7

Signor Frisch Quanti giorni di ferie ha all'anno?

Signor Sarti Un mese. 8

Signor Frisch Ha la possibilità di fare carriera?

Signor Sarti Sì, fra qualche anno potrò diventare capufficio. Bürochef 9

Signor Frisch Allora guadagnerà molto più di adesso.

Signor Sarti Sì, ma pagherò anche più tasse... ◎ 10

III.2. Raccontate il contenuto del dialogo fra il signor Sabin ed il signor Rossi, ricordando i seguenti punti:

Il figlio del signor Rossi / ultimo anno di medicina / facoltà lunga / per lui non è un problema / troppi medici in Italia / insegnanti / professione ideale per una donna / ingresso alle facoltà / numero chiuso / disoccupati / problema da risolvere /

III.3. Rispondete alle seguenti domande:

1. Quali sono le professioni preferite dai giovani del Suo paese?
2. Nel Suo paese esiste il numero chiuso?
3. Fra gli insegnanti ci sono più donne che uomini?
4. Con i loro stipendi gli insegnanti possono vivere bene?
5. Fra i laureati ci sono molti disoccupati?
6. Qual è l'orario di lavoro degli impiegati?
7. Quanti giorni di ferie hanno gli impiegati?
8. Guadagna più un impiegato dello Stato o un insegnante di scuola superiore?
9. Sono alte le tasse per chi ha uno stipendio fisso?

III.4. Raccontate come e perché avete scelto la professione o il lavoro che fate. Se studiate ancora, parlate della professione o del lavoro che volete fare in futuro.

IV Esercizio di pronuncia e intonazione

1. **gna**, **gne**, **gni**, **gno**, **gnu**

Gli insegnanti guadagnano abbastanza?

Ci sono anche molti ingegneri?

Ho bisogno della macchina per accompagnare Laura.

Ognuno può scegliere la facoltà che preferisce.

Incontro il signor Martini ogni giorno al bar.

Volete ancora un po' di cognac?

2. *Le doppie consonanti* (cc, mm, rr, ss, tt, zz)

La professione di insegnante è più interessante che conveniente.

L'ingresso alle facoltà non è programmato.

Fra i laureati ci sono molti disoccupati.

Ci sono più ragazzi che ragazze.

Mi interessa avere uno stipendio fisso.

Le cassette permettono di ascoltare la musica anche in macchina.

A Marco non piacciono queste sigarette.

Con quel lavoro non c'è la possibilità di fare carriera.

3. **gli**

Suo figlio studia ancora?

La famiglia di Gigliola vive a Marsiglia.

Luisa fa delle cose meravigliose a maglia.

Se non sbaglio, quella signora è la moglie di Guglielmo.

Ognuno può scegliere la facoltà che gli piace.

4. *Frasi interrogative*

Suo figlio è già laureato?

Ci sono troppi medici in Italia, è vero?

E anche tanti insegnanti, no?

È un lavoro conveniente?

È nuovo questo vestito?

Che genere di musica le piace?

Le posso chiedere un favore?

Quali sono le Sue idee in fatto di politica?

5. *Frasi interrogative-negative*

Marco non va mai alla partita?

Rita non vuole ancora un po' di cognac?

Perché non le chiedi di fare un golfino anche per me?

Come mai? Non guadagnano abbastanza?

Laura non beve il vino?

L'ingresso alle facoltà non è programmato?

A te non piacciono queste sigarette?

Con quel lavoro non c'è la possibilità di fare carriera?

V Test

1. Completate le frasi con le parole mancanti:

1. Con uno stipendio così basso non si può .... una famiglia.
2. C'è un grosso problema da ....
3. Marco fa la .... di monete di tutti i paesi.
4. Spendiamo un .... per le telefonate in teleselezione.
5. Il dottor Sarti ha la .... in medicina.

2. Completate le frasi con «di» o «che», secondo il senso:

1. Il mio lavoro è più faticoso .... difficile.
2. Marta guadagna più .... me.
3. Abbiamo più conoscenti .... amici.
4. Lui è più giovane .... voi.
5. Le macchine sportive sono più belle .... comode.

3. Completate le frasi con i pronomi convenienti:

1. Maria non va d'accordo con i suoi genitori perché non .... permettono di vivere da sola.
2. Signorina, ... posso chiedere un favore?
3. Se non incontriamo Giorgio .... telefoniamo a casa.
4. Che cosa portate a Sandro e Carla? .... portiamo un disco di Bach.
5. Scusi, signora, ... dà fastidio il fumo?

4. Scrivete accanto ad ogni parola il suo contrario:

ognuno /	....	disoccupato /	....
noioso /	....	anziano /	....
lungo /	....	privato /	....

5. Ora fate il test n. 7 che si trova in fondo al libro.

VI.1. Le vacanze degli italiani

È tempo di vacanze. Anche se l'estate inizia[1] sul calendario il 21 giugno gli italiani, per tradizione e per necessità, cominciano le ferie a partire dal primo luglio[2]. In un primo momento i «vacanzieri» che si spostano[3] da un punto all'altro della penisola[4] non sono numerosi poi, man mano che[5] ci si avvicina all'agosto, le colonne della trasmigrazione turistica[6] si fanno più sostenute[7], fino a registrare, intorno a Ferragosto[8], i pienoni[9] in tutte le località marittime[10], sui monti e sui laghi. Quella di concentrare le ferie in poche settimane è una abitudine tutta italiana che spesso trasforma il periodo di vacanze in un *tour de force*[11] costoso e per nulla riposante[12]. Sembra non ci sia niente da fare[13]. Ogni anno si parla di scaglionare le ferie[14], di utilizzare gli impianti[15] in un arco di tempo più ampio[16]. Poi, invece, tutto si ripete come l'anno prima e solo il 15 agosto si ha il *tutto esaurito*[17].

La concentrazione delle ferie non è che uno[18] dei tanti aspetti negativi del modo degli italiani di fare le vacanze. (Quando parliamo di vacanze naturalmente ci riferiamo a[19] quel 35 per cento della popolazione che riesce, come dicono le statistiche, a «trascorrere[20] almeno cinque giorni consecutivi[21] fuori dell'abituale[22] luogo di residenza e di lavoro»). Sessantacinque italiani su cento restano a casa e nel loro vocabolario non esiste la parola vacanza.

Taddeo Conca, *La macchina delle vacanze*,
in «L'Unità», 6 luglio 1977

Note

1. inizia: comincia; 2. a partire dal primo luglio: dal primo luglio; 3. si spostano: vanno; 4. penisola: l'Italia, chiamata così per la forma che ha; 5. man mano che: quanto più; 6. le colonne della trasmigrazione turistica: la massa della gente che va in vacanza (la parola «colonne» fa pensare alla lunga fila di macchine che si forma sulle strade in quel periodo); 7. si fanno più sostenute: aumentano; 8. Ferragosto: il 15 agosto; 9. i pienoni: il *tutto completo* degli alberghi e delle pensioni; 10. le località marittime: i posti di mare; 11. *tour de force* (francese): grande sforzo, fatica; 12. per nulla riposante: che invece di riposare, stanca; 13. Sembra non ci sia...: «sia» è il congiuntivo presente del verbo «essere» (per l'uso di questo modo vedere l'unità 22); 14. scaglionare le ferie: non concentrarle in soli due mesi all'anno; 15. utilizzare gli impianti: usare le attrezzature dei luoghi di vacanza; 16. in un arco di tempo più ampio: in uno spazio di tempo meno breve; 17. *tutto esaurito:* gli alberghi e le pensioni sono al completo; 18. non è che uno...: è soltanto uno...; 19. ci riferiamo a: pensiamo a; 20. trascorrere: passare; 21. cinque giorni consecutivi: cinque giorni di seguito, uno dopo l'altro; 22. abituale: normale, solito.

1

2

1 Lunga coda in autostrada alla partenza per le vacanze.

2 Un mare... di ombrelloni su una spiaggia dell'Adriatico.

3 Milano: piazza della Scala deserta il giorno di ferragosto.

3

VI.2. Test

	Vero	Falso
1. Gli italiani cominciano le ferie il 21 giugno	☐	☒
2. Le persone che vanno in vacanza diventano numerose a partire dal primo luglio	☐	☒
3. Intorno a Ferragosto si registrano i pienoni in tutte le località turistiche	☒	☐
4. Spesso le vacanze degli italiani sono care e poco riposanti perché tutti prendono le ferie nello stesso periodo	☒	☐
5. Soltanto il 65 per cento degli italiani riesce ad andare in vacanza	☐	☒

sing.!

Artikel immer vor Prozentzahlen, gilt als Einzahl!

II.3 Rispondete alle seguenti domande:

1. Perché il signor Sarti preferisce fare l'impiegato?
2. È un impiegato dello Stato?
3. Che orario di lavoro fa?
4. Quanti giorni di ferie ha all'anno?
5. Ha la possibilità di fare carriera?

III.1. Riflessione grammaticale

È un lavoro	più	faticoso	che	conveniente
È una facoltà		lunga		difficile
Mi piace		lavorare		studiare
Ci sono		donne		uomini
Ho		cassette		dischi

Che genere di musica	ti gli le Le vi gli	piace?

mi gli le mi ci gli	piace	la musica folk.

A	Marco Rita Pio e Lina Lia e Sara	piacciono	i dischi o le cassette?

gli le gli	piacciono	di più	le cassette.

A	Pio e Lina Lia e Sara	piacciono	i dischi o le cassette?

gli piacciono piacciono loro	di più	le cassette

Stasera	esco usciamo esce esci uscite escono	con	i miei i nostri i suoi i tuoi i vostri i loro	amici figli genitori fratelli

fumo fumiamo fuma fumi fumate fumano	solo	le mie le nostre le sue le tue le vostre le loro	sigarette

Sono	di	Remo Anna	quei dischi? quelle cassette?

Sì,	sono	suoi sue

Unità 15 Dal medico

I.1.

Ferguson Buongiorno, dottore.
Dr. Mori Buongiorno! È la prima volta che viene da me, vero?
Ferguson Sì, infatti sono di passaggio a Firenze.
Dr. Mori Qual è il Suo nome?
Ferguson Ferguson
Dr. Mori Me lo ripete lettera per lettera, per favore?
Ferguson Effe, e, erre, gi, u, esse, o, enne.
Dr. Mori Bene. Che disturbi ha?
Ferguson Ho un dolore al petto, mi gira la testa e ho le gambe pesanti.
Dr. Mori Ha mai sofferto di cuore?
Ferguson Veramente no. Non ho mai avuto malattie di nessun genere.
Dr. Mori Quanto ha di pressione?
Ferguson Non glielo so dire...
Dr. Mori Non importa: ora gliela misuro...
Ferguson È troppo alta?
Dr. Mori Sì, e alla Sua età si deve fare attenzione.
Ferguson C'è il pericolo di un infarto?
Dr. Mori Sì, ma si può evitare con una cura energica.
Ferguson Allora me la dia e seguirò i Suoi consigli.
Dr. Mori Le medicine non bastano, ci vuole anche molto riposo e, naturalmente, niente fumo e niente alcool.
Ferguson Allora non posso partire in macchina per la Svezia?
Dr. Mori Se deve guidare Lei, glielo sconsiglio.
Ferguson Fra quanti giorni dovrò fare un controllo?
Dr. Mori Fra una decina di giorni, dopo che avrà finito la cura.
Ferguson Grazie, dottore, arrivederLa!
Dr. Mori ArrivederLa!

I.2. Esercizi orali

1. Completate i dialoghi secondo il modello:

Qual è il Suo nome?
Ferguson.
Me lo ripeta, per favore!

1. Qual è il Suo nome?
   Ferguson.

   ....

2. Qual è il Suo numero di telefono?
234051.
~~H~~ Ripeta me lo!

3. Qual è il Suo indirizzo?
Via Mazzini 30.
Me lo ripeta / ~~me lo~~ Ripetete me lo!

4. Qual è il Suo conto corrente?
2118.
Me lo ripetano, per favore!

5. Qual è il Suo albergo?
Excelsior.
Repetiamo glielo

2. Come sopra:

Chi mi indica la fermata dell'autobus?
Gliela indico io.

1. Chi mi indica la fermata dell'autobus?
   ....

   Ihnen (Plural!)
2. Chi mi chiude la finestra?
   Te la chiudo / La chiudo loro.
3. Chi mi apre la porta?
   Glielo apro io

3. Come sopra:

Quanto ha di pressione?
Non glielo so dire.

1. Quanto ha di pressione?
   ....
2. Che film c'è alla televisione?
   Non telo so dire.

   non   Ihnen (Plural!)
3. Perché c'è sciopero?
   Non telo so dire / lo so dire / Loro.
   kann man weglassen

I.3. Rispondete alle seguenti domande:

1. Il signor Ferguson è già andato altre volte dal dottor Mori?
2. Il signor Ferguson vive da molto in Italia?
3. Che disturbi ha? Soffre di cuore / Ha un dolore al petto
4. Sa dire al medico quanto ha di pressione?
5. Il signor Ferguson deve tornare in Svezia in macchina. Il dottor Mori è d'accordo?
6. Quando dovrà fare un controllo il signor Ferguson?

II.1. Leggete le seguenti conversazioni:

Confidenziale (tu)	*Formale (Lei)*
1. Vieni a teatro stasera? Sì, ma non ho ancora preso il biglietto. Se vuoi, te lo prendo io. Ti ringrazio!	Viene a teatro stasera? Sì, ma non ho ancora preso il biglietto. Se vuole, glielo prendo io. La ringrazio!

2. Mi spieghi qual è la strada per andare ad Urbino? Te la mostro sulla carta.	Mi spiega qual è la strada per andare ad Urbino? Gliela mostro sulla carta.
3. Ti servono ancora i miei libri? Sì, se permetti te li rendo domani.	Le servono ancora i miei libri? Sì, se permette glieli rendo domani.
4. Ho dimenticato le chiavi sul tavolo. Te le porto io.	Ho dimenticato le chiavi sul tavolo. Gliele porto io.
5. Ho finito le sigarette. Se ti piacciono, te ne do un pacchetto delle mie. Grazie, molto gentile!	Ho finito le sigarette. Se Le piacciono, gliene do un pacchetto delle mie. Grazie, molto gentile!

II.2. Esercizi scritti

1. Completate i seguenti dialoghi con i pronomi convenienti:

1. Signorina, mi può cambiare diecimila lire?
   Se le ho, ... cambio senz'altro.
2. Chi di voi dice a Carla che stasera andiamo al cinema?
   .... dico io.
3. La Sua penna scrive molto bene.
   Se Le piace, ... regalo.

2. Completate le frasi con i seguenti verbi: *si può, si deve, si vuole.*

1. Con questo rumore non .... dormire.
2. Per guidare .... avere la patente.
3. Se .... vivere a lungo non .... bere e fumare troppo.
4. Non .... fare sempre ciò che piace.
5. In quella trattoria .... mangiare a tutte le ore.

3. Trasformate le frasi secondo il modello:

Prima finirò la cura e poi farò un controllo.
Farò un controllo dopo che avrò finito la cura.

1. Prima lascerò il bagaglio e poi visiterò la città.
   ....
2. Prima prenderò lo stipendio e poi comprerò quel vestito.
   ....
3. Prima imparerò l'italiano e poi farò un viaggio in Italia.
   ....

II.3. Dal dentista

Dentista Si accomodi, signorina! La vedo un po' giù! 1

niedergeschlagen

Sig.na Carli Sì, sono a terra. Da stanotte ho un terribile dolore a un dente. 2

Dentista Me lo faccia vedere: apra bene la bocca! 3

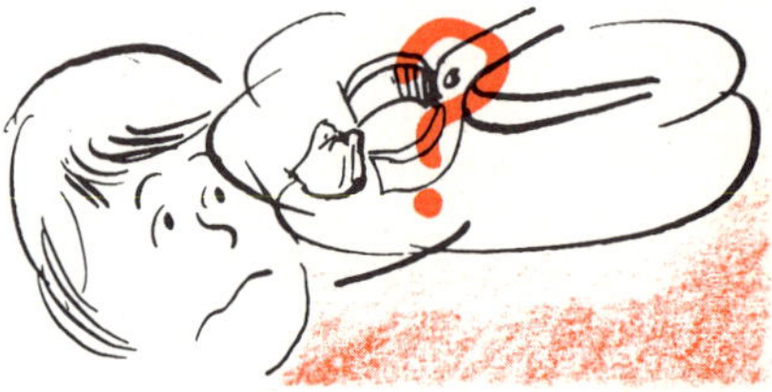

Sig.na Carli Si deve togliere? 4

ziehen

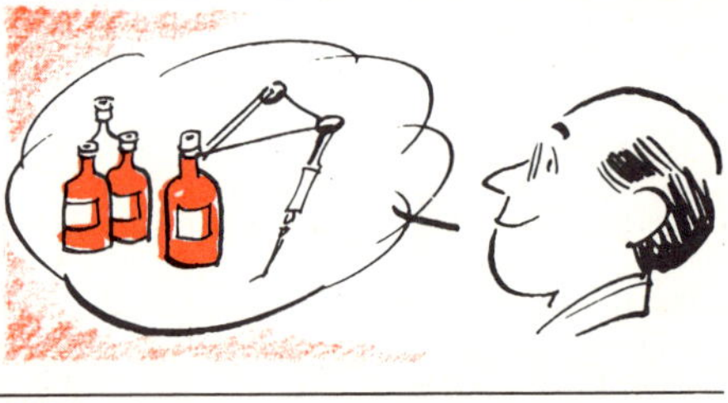

Dentista No, forse si può ancora curare. 5

Sig.na Carli Ho paura del trapano! 6

Bohrer

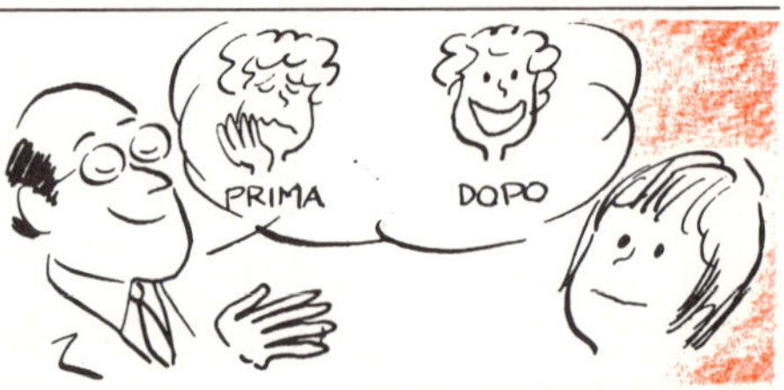

Dentista Coraggio! Se si vuole avere una bella bocca si deve soffrire un po'. 7

II.4. Rispondete alle seguenti domande:

1. Perché è a terra la signorina Carli? E a terra perche ha avuto un terribile dolore a un dente tutta la notte.
2. Si deve togliere il dente? No, si può forse curare.
3. Di che cosa ha paura la signorina Carli? Ha paura del trapano.
4. Secondo il dentista che cosa si deve fare per avere una bella bocca?
Si deve soffrire un po'.

II.5. In farmacia

Farmacista Dica!

Robert Vorrei delle compresse (Tabletten) per il raffreddore. Erkältung

Farmacista Ecco a Lei!

Robert Vorrei anche delle pillole per dormire.

Farmacista Mi dispiace, ma senza ricetta non gliele posso dare.

II.6. Conversazione con il medico di famiglia

Pronto? C'è il dottore?
Sì, glielo passo subito.

Pronto? Con chi parlo?
Sono Marco Tardini.

Mi dica!

Ho la febbre e mi fa male lo stomaco. Può venire subito?

Subito non posso: devo fare prima tre visite.

Ma viene di sicuro entro stasera?

Sì, glielo assicuro.

Grazie! A più tardi, allora!

III.1. Riflessione grammaticale

1.

Quel libro	è	mio nostro
		tuo vostro
		suo loro

Me lo Ce lo	dai, per favore?
Te lo Ve lo Glielo Glielo	devo dare?

ohne Artikel!
weil nach "essere" kein Artikel!

2.

Quel libro	è	mio
Quella penna		mia
Quei giornali	sono	miei
Quelle sigarette		mie

Me	lo	dai, per favore?
	la	
	li	
	le	

3.

Quel libro è	di	Giorgio Marta Franco e Anna
	Suo,	signor Rossi signorina

glielo devo dare?

4.

Hai già reso	il libro la penna i giornali le fotografie	a	Marco Luisa	?

Sì,	gliel' ho reso gliel' ho resa glieli ho resi gliele ho rese

5.

Con questo rumore non	Si deve	fare attenzione
In quella trattoria	si può	dormire
Questa medicina non	si mangia	a tutte le ore
Questo dente	si può	dare senza ricetta
	si può	curare

6.

Farò	un controllo	dopo che	avrò finito	la cura.
Partirò	in treno	appena	sarà finito	lo sciopero.
Starai	meglio	dopo che	avrai dormito	un po'.
Ti darò	una risposta	dopo che	avrò parlato	con Lucio.
Potrò	uscire	dopo che	sarà tornato	Mario.

III.2. Raccontate il contenuto del dialogo fra il signor Ferguson e il dottor Mori, ricordando i seguenti punti:

Il signor Ferguson / di passaggio a Firenze / dolore al petto / testa e gambe / malattie di nessun genere / pressione alta / infarto / cura energica / medicine, riposo, fumo, alcool / partire in macchina / guidare / fare un controllo / una decina di giorni /

III.3. Rispondete alle seguenti domande:

1. Quando uno ha la pressione alta, che disturbi ha?
2. Lei ha mai avuto qualche disturbo?
3. Sa quanto ha di pressione?
4. Bastano le medicine per evitare l'infarto?
5. Che cosa si deve fare quando un dente non si può curare?
6. Lei ha paura del trapano?
7. Nel Suo paese è necessaria la ricetta per comprare le pillole per dormire?
8. Quali sono le compresse per il raffreddore più comuni nel Suo paese?

III.4. Certamente siete stati qualche volta dal medico. Raccontate quali erano i vostri disturbi e che cosa vi ha consigliato il medico.

III.5. Forse avete avuto qualche volta mal di denti e siete andati dal dentista. Raccontate come sono andate le cose.

IV Esercizio di pronuncia e intonazione

1. **Ğ** e **G**

Buongiorno! Che genere di disturbi ha?

Mi gira la testa e ho le gambe pesanti.

Ci vuole una cura energica.

Seguirò i Suoi consigli, dottore.

Posso guidare fino all'albergo?

Il signor Ferguson è di passaggio in Italia.

È di oggi quel giornale?

In quella trattoria si mangia bene.

Mi piace viaggiare in treno. Lascerò le valigie al deposito bagagli.

Mi spiega qual è la strada per Genova?

La vedo un po' giù, signorina! Coraggio!

Quel libro è di Giorgio.

Grazie, molto gentile!

Vorrei delle pastiglie per la gola.

2. **Č** e **C**

Il signor Ciotti è andato dal medico.

Ha mai sofferto di cuore? C'è il pericolo di un infarto.

Le medicine non bastano.

Niente alcool! Fra una decina di giorni ci vuole un controllo.

Allora non posso partire in macchina? Chi mi indica la fermata dell'autobus?

A che ora chiudono i ristoranti?

Se ti piacciono le mie sigarette, te ne do un pacchetto.

Ho dimenticato le chiavi sul tavolo.

Prima farò una doccia e poi visiterò la città.

Mi faccia vedere il dente: apra bene la bocca! Forse si può ancora curare.

Mi dispiace, ma queste medicine non gliele posso dare senza ricetta.

3. *Le doppie consonanti* (cc, dd, ff, gg, ll, rr, ss, tt, zz)

Sono di passaggio a Ferrara.

Mi ripeta il Suo nome lettera per lettera.

Ho un dolore al petto.

Ha mai sofferto di cuore? Quanto ha di pressione?

Alla Sua età si deve fare attenzione. Allora non posso partire in macchina?

Fra una settimana dovrà fare un controllo.

Grazie, dottore, arrivederLa! Qual è il Suo indirizzo?

Devo spedire subito questa lettera.

Non ho ancora preso il biglietto per il teatro.

Se permetti, prendo una delle tue sigarette. Prendi pure tutto il pacchetto!

Si accomodi, signorina!

Sono a terra: da stanotte ho un terribile dolore a un dente.

Me lo faccia vedere: apra bene la bocca! Coraggio!

Se si vuole avere una bella bocca si deve soffrire un po'.

Vorrei delle compresse per il raffreddore.

Queste pillole non gliele posso dare senza ricetta. ◉

V Test

1. Completate le frasi con le preposizioni convenienti (semplici o articolate):

1. È la prima volta che viene .... me, vero?
2. Il signor Ferguson è .... passaggio a Firenze.
3. Mi ripeta il Suo nome lettera .... lettera.
4. Ha mai sofferto .... cuore?
5. .... Sua età si deve fare attenzione.
6. .... una decina .... giorni dovrò fare un controllo.
7. Sono .... terra! Ho un terribile mal .... denti!
8. Vorrei .... compresse .... raffreddore.

2. Completate le frasi con i pronomi convenienti:

1. Questo disco non mi piace. Se a te piace, ... regalo.
2. Non ho ancora finito di vedere i Suoi giornali: .... posso rendere domani?
3. Ho dimenticato di portarvi le fotografie: .... manderò per posta.
4. Abbiamo poche cassette: .... dai alcune delle tue per stasera?
5. Ho bisogno di un'informazione. Forse .... può dare Lei.

3. In alcune delle seguenti frasi ci sono degli sbagli: trovateli!

1. È pronta la pizza? Sì, te l'ho già messa nel piatto.
2. Non mi hai mandato neanche una cartolina dalla Francia? Come no! Ti ho mandato due.
3. Avete i biglietti per il concerto? Sì, ce li ha preso Marco.
4. Volevo comprare le pillole per dormire, ma il farmacista non me le ha date senza ricetta.
5. Scusi, sono pronti i miei documenti? Sì, Le li ho già mandati per posta.

4. Completate le frasi secondo il senso, usando la forma impersonale del verbo:

1. In Italia .... entrare al cinema quando ...., anche se il film è già cominciato.
2. In quella trattoria .... bene e a buon mercato.
3. Non .... mai d'imparare!
4. Questa medicina .... con un po' d'acqua.
5. Una città così piccola .... in due giorni.

VI.1. I mezzi di trasporto e le comunicazioni in Italia

L'Italia ha una rete ferroviaria abbastanza sviluppata (16.000 chilometri), se si considera[1] il rilievo[2] assai accidentato[3]. Altrettanto notevoli sono la rete di strade (300.000 Km.), alcune delle quali tracciate dai Romani, come la Via Emilia o la Via Aurelia, e la rete di autostrade (5.700 Km.) fra le più belle del mondo (Autostrada del Sole). Se a ciò si aggiungono[4] centinaia [5] di porti e decine di aeroporti, è facile capire come la rete viaria italiana sia[6] all'altezza delle grandi nazioni europee.

Alcune località[7] possono essere raggiunte[8] per terra con treni più o meno veloci (locale, diretto, espresso, rapido), per mare con navi più o meno piccole (piroscafi, motonavi, traghetti, aliscafi, battelli, barche a vela) e per aria con gli aerei della compagnia di bandiera: l'Alitalia.

Su ogni mezzo di trasporto si può viaggiare più o meno comodamente: in prima o seconda classe sui treni, in prima classe o in classe turistica su navi e aerei. Gli orari dei mezzi sono segnalati[9] sulle ventiquattro ore della giornata: se un treno parte alle 0,40 significa[10] che fa servizio notturno, se un aereo arriva alle 12,40 significa che atterra di giorno.

Durante l'estate questi mezzi vengono letteralmente presi d'assalto[11] dagli italiani che si recano[12] in vacanza e dai 25 milioni di turisti stranieri che vengono a soggiornare[13] in Italia da tutti i paesi del mondo.

Note

1. se si considera il...: se si tiene conto del...; 2. il rilievo: la superficie; 3. assai accidentato: con molte montagne; 4. Se a ciò si aggiungono: se oltre a questo si considerano; 5. centinaia di...: tanti; 6. è facile capire come... sia: per l'uso del congiuntivo vedere la unità 22; 7. località: luoghi, città; 8. possono essere raggiunte: uno ci può arrivare; 9. sono segnalati: sono indicati; 10. significa: vuol dire; 11. vengono letteralmente presi d'assalto: sono pieni zeppi di gente che va in vacanza; 12. si recano: vanno; 13. soggiornare: passare un periodo di tempo.

1

1 Tratto di ferrovia costiera presso Capo Spartivento in Calabria.

2 Mezzi di trasporto di ieri e di oggi nella brulla campagna pugliese.

2

3

3 L'aeroporto Leonardo da Vinci di Fiumicino (Roma): aerei in attesa di decollare.

VI.2. Test

	Vero	Falso
1. La rete ferroviaria italiana non è molto sviluppata	☐	☒
2. La rete viaria italiana è sviluppata come quella delle grandi nazioni europee	☒	☐
3. Su ogni mezzo di trasporto ci sono due classi	☒	☐
4. Se un treno parte alle 11,10 significa che viaggia di notte	☐	☒
5. D'estate non è difficile trovare posto sui treni, sugli aerei e sulle navi	☐	☒

Unità 16

All'Università per Stranieri di Perugia

I.1.

Carmen:	Vorrei iscrivermi al corso medio.
Segretaria:	Quanto tempo ha studiato l'italiano?
Carmen:	Due mesi, ma soltanto tre ore alla settimana.
Segretaria:	Nel Suo caso è meglio iscriversi al corso preparatorio che frequentare il corso medio.
Carmen:	Non sarà troppo facile?
Segretaria:	All'inizio forse si annoierà un po', ma dopo si accorgerà che non è inutile cominciare da capo.
Carmen	Lei ha ragione: una lingua s'impara bene solo se si hanno delle buone basi.
Segretaria:	Dunque si è decisa per il preparatorio?
Carmen	Sì, farò un corso di tre mesi.
Segretaria:	Bene! Ha con sé due foto per la tessera?
Carmen:	Sì, eccole! Scusi, quanto è la tassa di iscrizione?
Segretaria:	Cinquantamila lire al mese.
Carmen:	Dove posso pagare?
Segretaria:	Si accomodi alla cassa! Intanto Le preparo la tessera che Le permetterà di frequentare il corso, di usufruire della mensa studentesca e di entrare gratis nei musei.
Carmen:	In quale classe devo andare?
Segretaria:	In quella indicata con un segno rosso sull'orario che Le ho dato.
Carmen:	Ah, sì, vedo. E dove si comprano i libri?
Segretaria:	In qualsiasi libreria della città.
Carmen:	Grazie mille!

I.2. Esercizi orali

1. Rispondete alle seguenti domande:

1. A che corso vuole iscriversi Carmen?
2. Quanto tempo ha già studiato l'italiano?
3. Che cosa le dice la segretaria?
4. Che corso frequenterà Carmen?
5. Ha con sé due foto per la tessera?
6. Cosa potrà fare Carmen quando avrà la tessera?
7. In quale classe deve andare?
8. Dove si comprano i libri necessari?

I.3. Leggete i seguenti dialoghi:

Vuoi frequentare il corso medio?
No, mi iscriverò al corso preparatorio.

Ti alzi presto la mattina?
No, mi sveglio alle sette, ma non mi alzo subito.

Vieni via o ti fermi qui?
Mi trattengo ancora un po'.

Allora ti saluto.
Ciao.

Sei pronta per uscire, Maria?
No, ma mi preparo in due minuti.
Fai pure con calma, non c'è fretta.

È da molto che studia l'italiano?
Da due mesi.
Complimenti! Si esprime già molto bene.

Marco è un tipo nervoso: si arrabbia facilmente.
Sì, ma per fortuna si calma presto.

Con i bambini piccoli Laura non si riposa mai.
Poverina! Veramente non sta mai in pace!

Piove forte, tira vento e non abbiamo neppure un ombrello. Che facciamo?
Aspettiamo, forse fra poco smette.
Comunque mi metto un altro paio di scarpe, almeno non mi bagno i piedi.

Le vacanze si avvicinano: che progetti avete?
Nessuno. Quest'anno non ci muoviamo.

È un ottimo affare. Se non lo fate, vi pentirete.
Dici sul serio?
Certo! Ma dovete sbrigarvi, altrimenti perdete l'occasione.

Come ti vesti per andare alla festa dei Martini?
Mi metto il vestito rosso.
E come ti pettini? Lasci i capelli giù?
No, me li tiro su.

Di che cosa si interessano i Suoi amici?
Di storia dell'arte.
Allora si trovano certamente bene in Italia!

I.4. Esercizi scritti

1. Ed ora completate le frasi con la forma conveniente del verbo:

Franco *si riposa* un po' prima di tornare in ufficio. *(riposarsi)*

1. Se scopro che Gina non mi ha detto la verità, ... *(arrabbiarsi)*
2. Se ...., fai in tempo a prendere il treno delle sei. *(sbrigarsi)*
3. Marta e Giulio .... bene nella nuova casa. *(trovarsi)*
4. Marco dice sempre che vuole cambiare macchina, ma non .... mai. *(decidersi)*
5. Non abbiamo fretta, perciò .... ancora con voi. *(trattenersi)*
6. Carmen studia l'italiano soltanto da un mese e ancora non .... bene. *(esprimersi)*
7. I miei genitori .... se non torno a casa a dormire. *(preoccuparsi)*
8. A che ora .... la domenica, signorina? *(alzarsi)*

2. Completate i dialoghi secondo il modello:

Lasci i capelli giù?
No, *me li* tiro su.

1. Quando ti metti il vestito nero?
   .... metto per andare a cena fuori.
2. Con questo tempo mi metto gli stivali.
   Allora .... metto anch'io.
3. Ti lavi spesso la testa?
   .... lavo una volta alla settimana.
4. Ti vuoi lavare le mani?
   No, ... lavo dopo.
5. Non senti freddo con quel golfino?
   Sì, infatti ora .... metto uno più pesante.

3. Completate i dialoghi con le parti mancanti:

Carmen frequenta il corso medio?
No, si *è* iscritt*a* al corso preparatorio.

1. Come mai sei così stanca?
   Perché stamattina mi .... alzat.......... alle cinque.
2. Perché i Rossi non frequentano più il dottor Zanetti?
   Perché si .... accort.......... che non era un vero amico.
3. Ha fatto delle belle vacanze, signorina?
   No, quest'anno non mi .... moss..........
4. Erano già pronte Anna e Carla quando siete arrivati?
   No, ma si .... preparat.......... in cinque minuti.
5. Siete poi andati al cinema ieri sera?
   Sì, ma ci .... annoiat.......... e siamo usciti prima della fine.

4. Leggete i seguenti dialoghi:

Che fai?
Mi alzo, così ti siedi tu al mio posto.

Vai sempre a letto così presto?
Sì, perché la mattina mi alzo alle sei.

Non vi annoiate a guardare la tv?
No, anzi, ci divertiamo!

Non si stanca a lavorare tanto, signorina?
Mi riposerò quando sarò vecchia!

Se ti bagni i capelli prenderai il raffreddore.
Me li asciugherò appena arriverò a casa.

A che ora ti sei addormentata stanotte?
A mezzanotte, ma poi mi sono svegliata alle quattro e non ho più dormito.

Se si avvicina, forse ci vede meglio, signor Valeri.
No, ci vedo meglio se mi allontano.

---

5. Scrivete accanto ai seguenti verbi il contrario che conoscete:

sedersi / .... divertirsi / ....

stancarsi / .... bagnarsi / ....

svegliarsi / .... allontanarsi / ....

6. Ora fate una frase al passato con ciascuno dei verbi che avete scritto sopra

7. Trasformate le seguenti frasi secondo il modello:

Per imparare bene una lingua uno deve avere delle buone basi.
Certo! Una lingua si impara bene solo se si hanno delle buone basi.

1. Per ascoltare bene un disco uno deve avere dei buoni apparecchi.
....
2. Per fare bene un discorso uno deve avere le idee chiare.
....
3. Per curare bene una malattia uno deve prendere le medicine giuste.
....
4. Per fare bene un viaggio uno deve avere pochi bagagli.
....

8. Ed ora completate le frasi con la forma conveniente del verbo:

1. Il raffreddore .... di solito d'inverno. si prende	*(prendere)*
2. Questi pantaloni .... facilmente in casa. si lavano	*(lavare)*
3. L'italiano .... in molti paesi del mondo. si studia	*(studiare)*
4. La pizza .... bene a Napoli. si mangia	*(mangiare)*
5. Con il pesce .... vino bianco. si beve	*(bere)*
6. In Italia .... molti dialetti. si parlano	*(parlare)*
7. Alcune medicine .... solo con la ricetta. si comprano	*(comprare)*
8. Un milione .... con sei zeri. si scrive	*(scrivere)*

II.1. Conversazione

man macht

Roberto Ci si trova bene a Perugia?

Mary Molto: quando ci si iscrive ad un corso si fa subito amicizia con tante persone.

Roberto Quante ore alla settimana si studia?

Mary Venti ore.

Roberto Non ci si stanca? Wird man nicht müde?

Mary Un po', ma in compenso dopo un mese ci si esprime già abbastanza bene.

Roberto Che cosa offre la città?

Mary Molte possibilità. Se poi ci si interessa di arte o di musica qui ci si trova nel proprio ambiente.

Roberto Insomma non ci si annoia mai?

Mary No, ci si diverte e non ci si accorge del tempo che passa.

II.2. Ed ora trasformate le frasi secondo il modello:

Uno si trova bene in questa città?
Sì, ci si trova bene.

1. Uno si stanca molto ad arrivare in centro a piedi?
Sì, ci si stanca molto.
2. Uno si esprime bene dopo tre mesi di studio?
Sì, ci si esprime bene.
3. Uno si diverte tanto a stare con quelle persone?
Sì, ci si diverte tanto.
4. Uno si accorge subito che non è inutile cominciare da capo?
Sì, ci si accorge subito

II.3. Problemi di cuore

Marco Perché fai quella faccia triste? 1

Pietro Mi sono innamorato di una ragazza della mia classe. 2

Marco E non sei felice?

Pietro No, perché forse lei non mi ama. 3

Marco Perché non glielo chiedi? 4

Pietro Non ho il coraggio. 5

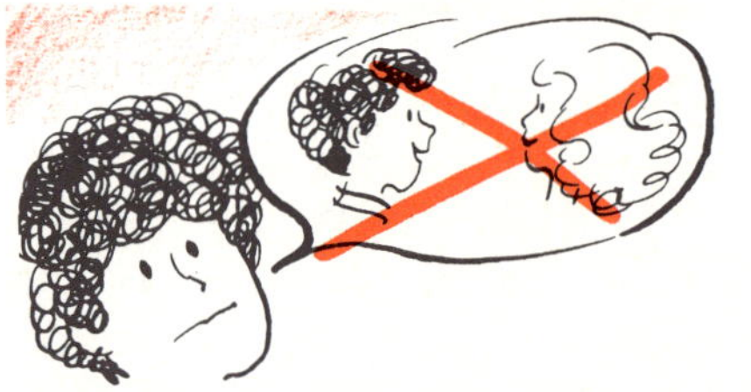

Marco Non sarai mica timido?!

Pietro No, ma ho paura della risposta. 6

Marco Secondo me è meglio parlare chiaro che restare nel dubbio.

Pietro Hai ragione, seguirò il tuo consiglio. 7

II.4. Rispondete alle seguenti domande:

1. Che cosa è successo a Pietro?
2. Perché non è felice?
3. Perché non chiede alla ragazza se lo ama?
4. Che cosa è meglio fare secondo Marco?

II.5. Trasformate le frasi secondo il modello:

È meglio parlare chiaro o restare nel dubbio?
Secondo me è meglio parlare chiaro che restare nel dubbio.
als

1. È meglio cominciare da capo o continuare in questo modo?
È meglio cominciare da capo che continuare...
2. È meglio andare a piedi o prendere la macchina?
È meglio andare a piedi che prendere...
3. È meglio sedere davanti o restare dietro?
È meglio sedere davanti che restare dietro.
4. È meglio telefonare subito o scrivere una lettera?
È meglio telefonare subito che scrivere...
5. È meglio andare a lezione o studiare da soli?
È meglio andare a lezione che studiare...

II.6. Conversazione

im Präs.!
cavarsela = zurechtkommen
im Fut. od Perfekt: durchkommen, davonkommen

Come va con lo studio dell'italiano?
Me la cavo, ma ho ancora molto da imparare.
Comunque si fa capire già bene.
Eppure (doch) per me è più facile capire che parlare.

me la cavo
te la cavi
se la cava
ce la caviamo
ve la cavate
se la cavano

me la sono cavata
te la sei cavata
se la è cavata
ce la siamo cavata

III.1. Riflessione grammaticale

1.

Che cosa	ti	ha detto la segretaria?		
	Mi	ha detto che forse all'inizio	mi	annoierò.
Che cosa	vi	ha detto la segretaria?		
	Ci	ha detto che forse all'inizio	ci	annoieremo.
La segretaria	ti	ha detto che forse all'inizio	ti	annoierai?
La segretaria	vi	ha detto che forse all'inizio	vi	annoierete?

Che cosa ha detto la segretaria a Juan?		
Gli ha detto che forse all'inizio	si	annoierà.
Che cosa ha detto la segretaria a Carmen?		
Le ha detto che forse all'inizio	si	annoierà.
Signorina,		
la segretaria Le ha detto che forse all'inizio	si	annoierà?
Che cosa ha detto la segretaria agli studenti?		
Gli ha detto che forse all'inizio	si	annoieranno.

2.

Juan	si	è	iscritt	o	ad un corso di lingua.
Carmen				a	
Juan e Carmen		sono		i	

3.

Una lingua si impara bene	se	si hanno	delle buone basi
Un viaggio si fa bene			pochi bagagli
Un discorso si fa bene			le idee chiare

4.a.

Con questo tempo	si prende	il raffreddore
Questo vestito	si porta	di sera
La pizza	si mangia	bene a Napoli
In Germania	si parla	il tedesco

4.b.

D'inverno	si prendono	molte malattie
Questi pantaloni	si portano	di giorno
I tortellini	si mangiano	bene a Bologna
In Svizzera	si parlano	diverse lingue

5.

A lavorare tanto	ci si stanca	presto
Dopo un mese di studio	ci si esprime	abbastanza bene
Con quei ragazzi	ci si diverte	molto
Da giovani non	ci si accorge	del tempo che passa

6.

Nel tuo caso	è meglio	parlare chiaro	che	restare nel dubbio
		fare il corso medio		iscriversi al corso preparatorio
		imparare l'inglese		studiare il francese
		continuare gli studi		cominciare a lavorare
		sedere davanti		restare dietro

7.

Non parlo ancora bene, ma	me	la	cavo
Come	te		cavi con il nuovo lavoro?
Non abbiamo bisogno di aiuto:	ce		caviamo da soli
Come	ve		cavate da soli?
Marco non parla ancora bene l'inglese, ma	se		cava
Carla non sa guidare ancora bene, ma	se		cava
Come	se		cava con il nuovo lavoro?
Franco e Stella non guadagnano molto, ma	se		cavano abbastanza bene

III.2. Raccontate il contenuto del dialogo fra Carmen e la segretaria, ricordando i seguenti punti:

Iscriversi al corso medio / due mesi, tre ore alla settimana / corso preparatorio / annoiarsi / cominciare da capo / buone basi / due foto / tassa d'iscrizione / frequentare corso / mensa / musei / segno rosso sull'orario / comprare i libri /

III.3. Rispondete alle seguenti domande:

1. Come va con lo studio dell'italiano?
2. Quante ore alla settimana ha?
3. All'inizio si annoiava?
4. Ha la tessera?
5. Quanto è la tassa d'iscrizione per un mese?
6. Dove si comprano i libri che usa in classe?
7. Ha mai pensato di studiare in Italia? Se sì, in quale città?
8. Se un giorno si decide a frequentare un corso in Italia, quali informazioni chiede prima di iscriversi?

III.4. Raccontate il contenuto della vostra conversazione con la segretaria quando vi siete iscritti al corso che frequentate.

III.4.b. Siete stati sempre felici in amore o avete avuto qualche volta problemi di cuore? Raccontate una vostra esperienza.

IV Esercizio di pronuncia e intonazione

1. **Č** e **Ğ**

Non sarà troppo facile questo corso?

Si accorgerà presto che è meglio cominciare da capo.

Lei ha ragione!

Le vacanze si avvicinano: che progetti avete?

Ci si trova bene a Perugia?

Lasci i capelli giù?

Stasera vado a cena fuori.

Si viaggia bene quando si hanno poche valigie.

Mi piace fare amicizia con i giovani.

Quando ci si diverte non ci si accorge del tempo che passa.

2. **C** e **G**

Vorrei frequentare il corso medio.

Dunque può andare in banca a pagare la tassa d'iscrizione.

I libri si comprano in qualsiasi libreria della città.

Se ti fermi, mi trattengo anch'io.

Dovete sbrigarvi, altrimenti perdete l'occasione.

Non senti freddo con quel golfino?

Se non si asciuga i capelli prenderà il mal di gola.

Si cammina volentieri se si hanno le scarpe comode.

Seguirò il tuo consiglio.

Me la cavo abbastanza bene con l'italiano.

3. **V** e **F**

Vorrei fare un corso di tre mesi.

Vieni via o ti fermi qui?

Marco è un tipo nervoso, ma per fortuna si calma presto.

Piove forte.

Le vacanze si avvicinano: che progetti avete?

È un vero affare!

Come ti vesti per andare alla festa?

Quando fa freddo mi metto gli stivali.

A che ora si è svegliato, signor Valeri?

D'inverno si prende facilmente il raffreddore.

4. *Le doppie consonanti* (ff, ll, mm, nn, rr, ss, tt, vv, zz)

Forse all'inizio si annoierà un po'.

Ha con sé due foto per la tessera?

Devo pagare la tassa d'iscrizione.

In quale classe devo andare?

Marco si arrabbia facilmente.

È un ottimo affare!

Come ti pettini? Lasci i capelli giù?

Che cosa offre la città?

Insomma non ci si annoia mai.

Pietro si è innamorato di una ragazza della sua classe. ◉

V Test

1. Completate le seguenti frasi con il verbo conveniente:

1. I dischi .... bene se .... dei buoni apparecchi.
2. Quasi tutte le medicine .... solo con la ricetta.
3. Le lingue .... meglio da bambini.
4. Le tasse .... in banca.
5. Gli stivali .... soprattutto quando fa freddo.

2. Mettete al posto dei puntini la terminazione esatta:

1. Marta si è arrabbiat.......... perché Luigi non le ha telefonat..........
2. Appena siamo arrivati a casa ci siamo cambiat.......... subito le scarpe.
3. Sandra e Laura credevano di dover aspettare tanto, invece si sono sbrigat.......... quasi subito.
4. Quanto tempo si è trattenut.......... a Parigi, signorina?
5. I miei genitori si sono decis.......... a cambiare macchina: hanno comprato quella che gli ho consigliat.......... io.

3. Completate i dialoghi secondo il senso, usando i seguenti verbi:

stancarsi, svegliarsi, annoiarsi, sbrigarsi, riposarsi, arrabbiarsi, addormentarsi, prepararsi, esprimersi, accorgersi.

1. A che ora sei andata a letto ieri sera?
   Alle undici e mezzo.
   .... subito?
   Sì, e .... solo alle dieci.

2. Lei è un tipo nervoso, dottor Franchi?
   Sì, ... facilmente.
   Forse perché lavora troppo.
   Sì, infatti non .... mai.

3. Siete pronti?
   No, ma .... in due minuti.
   Dovete ...., altrimenti arriveremo in ritardo.

4. Sono interessanti quelle persone?
   Sì, con loro non .... del tempo che passa.
   E di che cosa si parla?
   Un po' di tutto.
   Allora non .... davvero.

5. È buono il corso che frequenta, signorina?
   Sì, soprattutto perché .... già bene dopo poco tempo.
   Ma non .... a studiare tanto?
   Eh, un po' sì.

4. Ed ora fate il test n. 8 che si trova in fondo al libro.

VI.1. Perugia e l'Umbria

Ricca di bellezze[1] naturali ed artistiche, Perugia è la città ideale per un soggiorno turistico o di studio. Si trova[2] nel cuore[3] dell'Umbria, terra di San Francesco d'Assisi, e sorge[4] su una collina alta circa 500 metri.

A Perugia si possono vedere monumenti dell'epoca etrusca, romana, medioevale e rinascimentale. Se si ama l'arte non si può fare a meno di visitare[5] i diversi musei e la Galleria Nazionale dell'Umbria dove si possono ammirare[6] opere delle varie epoche e i tesori[7] della pittura umbra e toscana.

Oltre all'Università degli Studi, che risale al XIII secolo[8], c'è l'Università per Stranieri, aperta a gente di ogni nazionalità che vuole studiare la lingua e la cultura italiana.

Per iscriversi ai corsi di lingua, che si tengono a livello preparatorio[9], medio e superiore, non occorre[10] presentare alcun titolo di studio[11]. Questo è necessario soltanto se si vogliono sostenere gli esami del corso superiore che rilascia[12] un diploma di abilitazione all'insegnamento[15] della lingua italiana all'estero.

Grazie alla presenza di studenti di ogni età e di ogni parte del mondo, questa piccola città di provincia assume[16] l'aspetto vivo e colorito delle città internazionali.

Note

1. Ricca di bellezze: poiché ha tante bellezze; 2. si trova: è; 3. nel cuore: al centro; 4. sorge: si trova, sta; 5. non si può fare a meno di visitare: si devono visitare senz'altro; 6. ammirare: vedere; 7. i tesori: le opere più importanti; 8. risale al XIII secolo: esiste dal XIII secolo; 9. preparatorio: elementare; 10. non occorre: non è necessario; 11. alcun titolo di studio: nessun diploma; 12. sostenere: dare; 13. rilascia: dà; 14. un diploma di abilitazione all'insegnamento: un diploma che permette di insegnare; 15. assume: prende.

1 

1 Sulla destra, la facciata settecentesca del palazzo Gallenga, ora sede dell'Università Italiana per Stranieri. In fondo, la loggetta costruita ai primi del Cinquecento sull'arco etrusco detto Arco d'Augusto.

2

3

Nische

2 I nicchioni romani di Todi.

3 La cattedrale romanica di Spoleto (XII secolo).

4 Particolare dell'affresco di Giotto *La vita di S. Francesco* (fine del Duecento) nella Chiesa Superiore di Assisi.

5

5 Veduta aerea di Gubbio, cittadina che ha conservato la sua struttura medioevale.

6

6 Il duomo di Orvieto, capolavoro dell'arte romanico-gotica, iniziato nel 1290, e particolare di un bassorilievo della facciata, ad opera di Lorenzo Maitani.

7 Perugia, piazza IV novembre. Al centro la Fontana Maggiore, splendida opera di Nicola e Giovanni Pisano (XIII secolo). 7

VI.2. Test

	Vero	Falso
1. Perugia si trova al centro dell'Umbria	☒	☐
2. L'Umbria è la terra di S. Francesco d'Assisi	☒	☐
3. A Perugia esistono anche monumenti dell'epoca etrusca	☒	☐
4. Per iscriversi ai corsi di lingua dell'Università per Stranieri occorre un titolo di studio	☐	☒
5. Perugia è una piccola città di provincia, ma ha l'aspetto di una città internazionale	☒	☐

Unità 17

In un negozio di abbigliamento

I.1.

Commessa: In che cosa posso servirLa?

Cliente: Mi piacerebbe vedere il cappotto blu che è in vetrina.

Commessa: È la taglia 46, Le va bene?

Cliente: Sì, è proprio la mia taglia.

Commessa: Un attimo che glielo prendo...... Ecco, se si accomoda in cabina si può guardare allo specchio.

Cliente: Prima di provarlo vorrei sapere quanto viene.

Commessa: Ottantacinquemila lire.

Cliente: È l'ultimo prezzo o potrei avere uno sconto?

Commessa: Mi dispiace, ma abbiamo prezzi fissi.

Cliente: Allora non ci sarebbe qualcosa di più economico?

Commessa: Sì, però cambia la qualità della stoffa: sempre pura lana, ma più leggera.

Cliente: Vediamo...

Commessa: Ecco, questo cappotto rosso viene sessantamila lire.

Cliente: Come linea andrebbe bene, ma il colore è troppo vivace.

Commessa: Lo stesso modello c'è anche in azzurro, grigio, marrone e verde scuro.

I.2. Esercizi orali

1. Rispondete alle seguenti domande:

1. Che cosa vorrebbe vedere la cliente?
2. Qual è la sua taglia?
3. Che cosa vuole sapere prima di provare il cappotto?
4. Perché non può avere uno sconto?
5. Che cosa non va bene nel cappotto rosso?
6. In quali colori c'è lo stesso modello?
7. Perché il cappotto rosso non sta bene alla cliente?
8. Perché la commessa consiglia alla cliente di prendere il cappotto blu?
9. Che cosa risponde la commessa quando la cliente le chiede come le sta il cappotto blu?
10. Che cosa fa infine la cliente?

Cliente: Intanto me lo provo...

Commessa: Le sta un po' stretto di spalle ed è anche troppo corto.

Cliente: Non c'è una taglia più grande?

Commessa: No, ne abbiamo venduti tanti e c'è rimasta solo questa taglia.

Cliente: E non avrebbe niente di simile da farmi vedere?

Commessa: Di modelli ne abbiamo tanti, ma sono tutti più cari di questo.

Cliente: Quasi quasi prenderei quello blu...

Commessa: Glielo consiglio. Vedrà che resterà contenta. È un capo elegante e nello stesso tempo pratico.

Cliente: Mi ha convinto: se me lo dà, lo provo.

Commessa: Subito!

Cliente: Come mi sta?

Commessa: Benissimo. Sembra fatto su misura per Lei.

Cliente: Infatti mi ci vedo bene anch'io.

Commessa: Allora che fa, lo prende?

Cliente: Sì, ormai ho deciso.

Commessa: Mentre glielo preparo, si può accomodare alla cassa. ◎

2. Guardando le illustrazioni, rispondete alle domande secondo il modello:

In che cosa posso servirLa?
Mi piacerebbe vedere il cappotto blu che è in vetrina. 1

rosso a pallini
(rot mit Punkten)

1. In che cosa posso servirLa?
................il cappello................ 2

plissettata
= mit Falten

2. In che cosa posso servirLa?
................la gonna................ 3

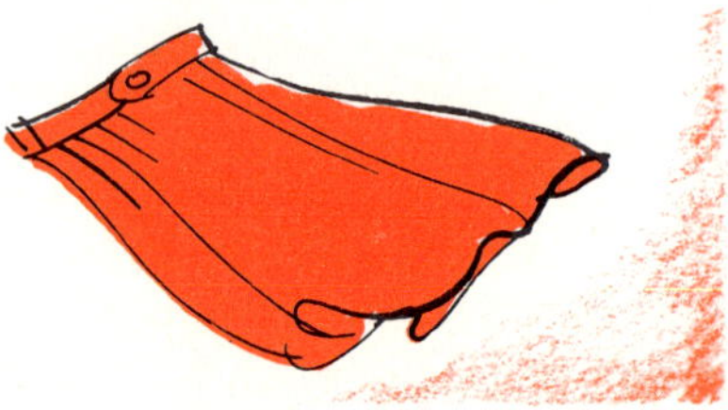

3. In che cosa posso servirLa?
................la camicia................ 4

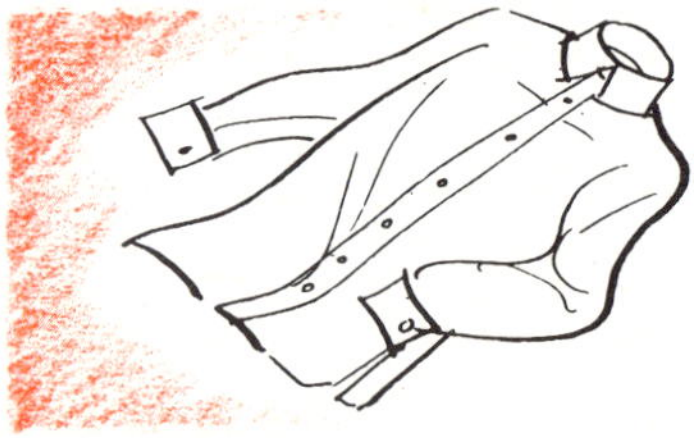

4. In che cosa posso servirLa?
................la camicetta................ 5

a righe
= gestreift

5. In che cosa posso servirLa?
................la cravatta................ 6

3. Come sopra:

Desidera?
Vorrei vedere i pantaloni marroni che sono in vetrina. 7

1. Desidera?
gli stivali 8

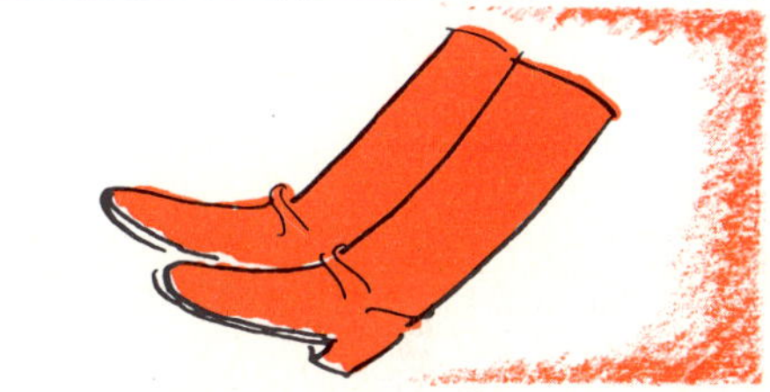

2. Desidera?
i mocassini
le scarpe 9

3. Desidera?
i calzini 10

4. Desidera?
i guanti 11

5. Desidera?
gli occhiali 12

4. Leggete le seguenti conversazioni:

Tu, Anna, che cosa compreresti con un milione?
Comprerei una bella pelliccia.
E Lei che cosa comprerebbe, signorina?
Non saprei...
Voi, ragazzi, che cosa comprereste?
Compreremmo una bella motocicletta.
Lo sapevo! Tutti i ragazzi comprerebbero volentieri una motocicletta.

compr are

— erei
— eresti
— erebbe
— eremmo
— ereste
— erebbero

A quest'ora prenderei un espresso.
Non mi sorprende: tu prenderesti sempre il caffè. Lei cosa prenderebbe, signor Martini?
Berrei anch'io un caffè.
Lo prendereste anche voi un caffè?
Sì, lo prenderemmo volentieri.
Allora faccio il caffè per tutti?
No, forse Marta e Gianna prenderebbero volentieri un tè.

prend ere

— erei
— eresti
— erebbe
— eremmo
— ereste
— erebbero

Con questo sole uscirei a fare quattro passi.
Usciresti con me, Laura?
Sì, con piacere. Un po' d'aria fa bene alla salute.
Se siete d'accordo, usciremmo anche noi.
Uscireste davvero?
Come no! Se usciamo tutti, uscirebbero anche i ragazzi.
E Lei, signora, non uscirebbe?
Volentieri, ma ho troppo da fare.

usc ire

— irei
— iresti
— irebbe
— iremmo
— ireste
— irebbero

Quando finiresti gli studi, Marisa?
Se tutto va bene, li finirei fra un anno e mezzo.
E il tuo ragazzo?
Li finirebbe fra un anno e mezzo, come me.
E le tue amiche quando finirebbero?
Dovrebbero finire prima di me, perché lavorano già alla tesi di laurea.
Voi, invece, quando finireste?
Finiremmo fra due anni, perché la nostra facoltà ha una durata più lunga della loro.

fin ire

— irei
— iresti
— irebbe
— iremmo
— ireste
— irebbero

II.1. Esercizi

1. Completate i dialoghi con la forma conveniente del verbo:

1. Scusi, mi ...... mille lire? *(cambiare)*
   Gliele ...... con piacere, ma non ho moneta.
2. Franca, ... un po' tu adesso? *(guidare)*
   ...... volentieri, ma ho paura su questa strada.
3. Ragazzi, ... la porta, per favore? *(chiudere)*
   La ......, ma non abbiamo la chiave.
4. Maria, ci ...... un po' di whisky? *(offrire)*
   Ve l'...... con piacere, ma l'ho finito.
5. Marco, ... questa birra? *(finire)*
   La ...... volentieri, ma ne ho già bevuta troppa.

2. Completate i dialoghi secondo il modello:

Non so se partire o no.
Io al posto tuo partirei.

1. Non so se aspettare o no.

   ....

2. Non so se restare o no.

   ....

3. Non so se smettere o no.

   ....

4. Non so se rispondere o no.

   ....

5. Non so se provare o no.

   ....

3. Leggete le seguenti conversazioni:

Confidenziale (tu)	*Formale (Lei)*
1. Ti dispiacerebbe prestarmi un momento la tua penna? Mi dispiace, serve anche a me.	Le dispiacerebbe prestarmi un momento la Sua penna? Prego, ecco a Lei!
2. Saresti così gentile da darmi un passaggio fino alla stazione? Mi dispiace, ma vado in un'altra direzione e ho una gran fretta.	Sarebbe così gentile da darmi un passaggio fino alla stazione? Con piacere!
3. Scusa, sapresti dirmi che ore sono? Mi dispiace, ma non ho l'orologio.	Scusi, saprebbe dirmi che ore sono? Sono le quattro e dieci.
4. Scusa, potresti dire a Marta di telefonarmi entro oggi? Lo farò con piacere.	Scusi, potrebbe dire a Marta di telefonarmi entro oggi? Purtroppo non posso farlo, perché oggi non la vedo.

4. Ed ora, seguendo i modelli indicati, chiedete ad un compagno di classe o all'insegnante:

1. di aprire la finestra
2. di offrirvi una sigaretta
3. di dirvi quanto manca alla fine della lezione
4. di darvi un momento il suo giornale
5. di spiegarvi che cosa vuol dire una parola italiana che non capite.

II.2. In un negozio di calzature

Commessa Desidera?
Signora Prati Mi servirebbe un paio di scarpe nere. 13

Commessa Con il tacco alto o basso?
Signora Prati Basso, di tipo sportivo. 14

Commessa Che numero porta?
Signora Prati Il trentasette. 15

Commessa Le andrebbero bene queste?
Signora Prati Potrebbero andare, se non sono troppo care. 16

Commessa Con le scarpe non si dovrebbe risparmiare: chi più spende meno spende. 17

Signora Prati Effettivamente sono comode, ma durano davvero?
Commessa Gliel'ho detto: le porterà per anni. 18

II.3. Rispondete alle seguenti domande:

1. Che cosa servirebbe alla signora Prati?
2. Le vuole con il tacco alto o basso?
3. Che numero porta?
4. Secondo la commessa, conviene risparmiare con le scarpe?
5. Perché?
6. Potrebbe spiegare con altre parole il senso dell'espressione «chi più spende meno spende»?

II.4. Come si dice

Chi più spende, meno spende.

Chi vivrà, vedrà.

Chi non lavora, non mangia.

Chi dorme, non prende pesci.

Chi va piano, va sano e va lontano.

Chi troppo vuole, niente ha.

Chi si contenta, gode.

II.5. Conversazioni

1. Dal tabaccaio

a) Un pacchetto di Nazionali Super con filtro e una scatola di cerini.

Fa lo stesso se Le do i Minerva?

Sì, va bene ugualmente.

Ecco a Lei.

b) Vorrei della carta da lettere.

Abbiamo una confezione da 10 fogli e 10 buste, Le va bene?

Sì, quanto viene?

1.800 lire.

Ecco...

Non ha spiccioli?

No, non ho moneta.

c) Un francobollo da 350 lire.

Ecco a Lei.

Scusi, potrebbe controllare se questa lettera passa il peso?

Subito... no, non passa: va bene il francobollo da 350 lire.

2. Dal fotografo

Vorrei un rullino da 36 pose.

A colori o in bianco e nero? A colori c'è da 24 pose.

Va bene lo stesso. Quant'è?

2.800 lire.

3. In un grande magazzino

Potrebbe dirmi a che piano sono le confezioni?

Al secondo piano.

C'è l'ascensore?

No, ma c'è la scala mobile.

4. In un negozio di tessuti

Avete un bel cotone a tinta unita?

Che colore?

Verde mare.

No, in questa tinta ci sarebbe un misto lino.

Quanto viene al metro?

12.500 lire.

Non sarebbe caro, ma non va bene perché si deve stirare ogni momento.

Sì, ma in compenso non si ritira quando si lava.

5. In un negozio di alimentari

Vorrei un etto di prosciutto e un po' di pane.

Il prosciutto cotto o crudo?

Crudo.

Ecco. Nient'altro?

No, grazie, basta così. Quanto pago?

Millecinquecento lire.

6. In un negozio di frutta e verdura

Scusi, quanto costano queste mele?

Milleduecento lire al chilo.

Allora ne prenderei mezzo chilo.

È tutto?

No, vorrei anche dei pomodori.

Quanti ne faccio?

Un chilo, grazie.

7. In un negozio di fiori

Sono freschi quei garofani?

Sì, sono appena arrivati.

Ne vorrei dodici.

Sono da regalare?

Sì, potrebbe farmi un bel mazzo?

Senz'altro. ◉

III.1. Riflessione grammaticale

1.

Vorrei vedere	il cappotto marrone la camicia bianca	che	è	in vetrina
	i pantaloni blu le scarpe nere		sono	

2.

Ho comprato	il cappotto marrone la camicia bianca i pantaloni blu le scarpe nere	che	mi ha consigliato la commessa

3.

Chi	più spende, vivrà, non lavora, dorme, va piano, troppo vuole, si contenta,	meno spende vedrà non mangia non prende pesci va sano e va lontano niente ha gode

4.

Ti Le Vi	dispiacerebbe	chiudere la porta? darmi un passaggio? portarmi il giornale? accendere la luce?

5.

Saresti Sarebbe	così	gentile	da	chiudere la porta? darmi un passaggio? portarmi il giornale? accendere la luce?
Sareste		gentili		

6.

Sapresti	dirmi dov'è la fermata dell'autobus?
Potrebbe	prestarmi la Sua penna?
Dovrebbe	pagare la tassa d'iscrizione
Avreste	qualche giornale da farmi vedere?

7.

Andrei	in centro a fare spese
Vedrei	volentieri un film di Fellini
Dovrei	smettere di fumare
Avrei	un sacco di cose da fare
Vorrei	due biglietti per il concerto di domani
Rimarrei	ancora un po' a letto
Verrei	con te, se sei d'accordo
Farei	solo quello che mi piace
Starei	in casa con questo brutto tempo
Sarei	felice di vivere in questa città
Darei	una festa sabato prossimo

Osservate!

8.

Infinito	*Futuro*	*Condizionale*
essere	sarò	sarei
andare	andrò	andrei
avere	avrò	avrei
dovere	dovrò	dovrei
potere	potrò	potrei
sapere	saprò	saprei
vedere	vedrò	vedrei
vivere	vivrò	vivrei
dare	darò	darei
fare	farò	farei
stare	starò	starei
rimanere	rimarrò	rimarrei
tenere	terrò	terrei
venire	verrò	verrei
volere	vorrò	vorrei
cercare	cer*ch*erò	cer*ch*erei
spiegare	spie*gh*erò	spie*gh*erei

9.

Quanto	viene	questo cappotto?	
	vengono	queste scarpe?	

10.

Quanto	costa	quella camicia	che	è	in vetrina?
	costano	quei pantaloni		sono	

III.2. Raccontate il contenuto del dialogo fra la cliente e la commessa del negozio di abbigliamento, ricordando i seguenti punti:

cappotto blu / taglia 46 / cabina / quanto viene / sconto / prezzi fissi / qualcosa di più economico / cappotto rosso / colore troppo vivace / altri colori / stretto di spalle / corto / altri modelli / capo elegante e pratico / su misura / accomodarsi alla cassa /

III.3. Rispondete alle seguenti domande:

1. Qual è la taglia media per vestiti da donna nel Suo paese?
2. Lei che taglia ha?
3. Nel Suo paese tutti i negozi hanno prezzi fissi?
4. Dove si comprano i francobolli nel Suo paese?
5. Conosce il nome di qualche grande magazzino italiano?
6. Quali sono i pesi e le misure più comuni in Italia?

III.4. Ed ora rispondete alle seguenti domande, immaginando di essere in Italia:

1. Lei vuole provare un vestito che ha visto nella vetrina di un negozio. Che cosa chiede alla commessa?
   Scusi, Vorrei provare quel vestito blu ....

2. Che cosa chiede per sapere il prezzo? In quali altri modi può fare la stessa domanda?
   ....

3. Lei vuole comprare della frutta. Che cosa dice quando entra nel negozio?
   Vorrei comprare un chilo di ....

4. Lei deve spedire una lettera, ma non sa che francobollo ci vuole perché è troppo pesante. Che cosa chiede al tabaccaio o all'impiegato della posta?
   .... che francobollo ci vuole?

5. Che cosa chiede per sapere il prezzo di una cosa dopo che l'ha già presa?
   ....

III.5. Raccontate il vostro dialogo con il commesso di un negozio dove avete comprato un vestito o un altro capo di abbigliamento.

IV Esercizio di pronuncia e intonazione

1. *Le doppie consonanti* (bb, cc, ff, gg, ll, nn, pp, rr, ss, tt, zz)

Mi piacerebbe vedere quel cappotto blu.

Un attimo che glielo prendo.

Se si accomoda in cabina si può guardare allo specchio.

Vorrei sapere qual è l'ultimo prezzo.

Abbiamo prezzi fissi.

Cambia la qualità della stoffa.

Lo stesso modello c'è anche in marrone.

Mi sta un po' stretto di spalle.

Vorrei una gonna e una camicetta.

Quanto viene quel cappello?

Mi piacerebbe provare quelle scarpe con il tacco basso.

Potrebbe farmi un bel mazzo?

Potresti darmi un passaggio?

Vorrei un etto di prosciutto.

2. **Č** e **Ğ**

Mi piacerebbe una stoffa più leggera.

Vorrei una camicetta gialla.

Con un milione comprerei una pelliccia.

Mi darebbe un passaggio fino a Piacenza?

Ti dispiacerebbe accendere la luce, Giorgio?

Potresti dire a Gianni di venire a cena?

Questi cerini sono di Angela.

3. *Frasi interrogative*

È l'ultimo prezzo o potrei avere uno sconto?

Come mi sta questo cappotto?

Compri anche tu il cappotto blu?

Usciresti con me, Laura?

Scusi, mi cambierebbe mille lire?

Le dispiacerebbe prestarmi un momento la Sua penna?

Saprebbe dirmi che ore sono?

Saresti così gentile da aprire la finestra?

Scusi, potrebbe controllare se questa lettera passa il peso?

Quanto pago?

Quanto costano queste mele?

4. *Frasi interrogative-negative*

Non ci sarebbe qualcosa di più economico?

Non c'è una taglia più grande?

Non avrebbe niente di simile da farmi vedere?

E Lei, signora, non uscirebbe?

Non ha spiccioli?

Nient'altro? No, basta così! ◉

VI Test

1. Formate delle frasi con le seguenti parole:

1. da / gentile / quel / sigarette / pacchetto / passarmi / di / così / saresti / ?
2. dispiacerebbe / giornale / vedere / il / farmi / Le / Suo / ?
3. che / ti / pantaloni / comprato / i / ho / ieri / piacciono /?
4. dirmi / le / oggi / sono / banche / sapresti / se / aperte /?
5. andrebbe / di / quattro / fare / vi / passi / pranzo / dopo /?

2. Mettete al posto dei puntini i pronomi convenienti:

1. .... è la signora .... hai salutato?
2. Qual è il ragazzo .... studia con Franco?
3. Per .... sono i fiori .... avete comprato?
4. Ho preso le scarpe .... costano meno.
5. .... vuole risparmiare deve andare nei grandi magazzini.

3. Completate le frasi con le preposizioni convenienti:

1. Questo cappotto Le sta un po' stretto .... spalle.
2. Gli altri modelli sono più cari .... questo.
3. Uscirei volentieri, ma ho troppo .... fare.
4. Se tutto va bene, finirei gli studi .... un anno.
5. A Maria servirebbe un paio di scarpe .... tacco alto.
6. Per questa cartolina ci vuole un francobollo .... 170 lire.
7. Questi pantaloni sembrano fatti .... misura .... Lei.
8. Vorrei un rullino .... colori e uno .... bianco e nero.
9. .... questo sole mi piacerebbe andare .... piedi.
10. Vorrei della carta .... lettere.

VI.1. L'ordinamento dello Stato italiano

Per la prima volta nella storia del paese, il 2 giugno 1946 il popolo italiano ebbe[1] la possibilità di scegliere, attraverso[2] un *referendum*, fra la monarchia (quella di casa Savoia che già regnava) e la repubblica. Il voto[3] fu[4] negativo per la monarchia. Nacque[5] così l'attuale[6] repubblica, la cui Costituzione entrò in vigore[7] il 1° gennaio 1948.

Il primo Presidente nominato secondo la nuova Costituzione fu Luigi Einaudi.

La Repubblica italiana è di tipo parlamentare e non presidenziale, per cui il Presidente è capo dello Stato, ma non capo del governo. Non è scelto direttamente dal popolo, ma dai membri del Parlamento, composto[8] dalla Camera dei deputati e dal Senato della Repubblica.

Il numero dei deputati è di 630 e quello dei senatori è di 315. Essi sono eletti[9] a suffragio universale[10] dal popolo che li sceglie con voto segreto[11] nelle liste dei vari partiti.

La Camera dei deputati e il Senato sono eletti per 5 anni, il Presidente della Repubblica per 7 anni.

L'età minima per i deputati è di 25 anni, per i senatori 40 anni e per il Presidente 50 anni.

Il governo, composto dal Presidente del Consiglio e dai ministri, deve avere la fiducia delle due Camere[12].

1

Note

1. ebbe: passato remoto del verbo «avere» (v. unità 19); 2. attraverso: con, per mezzo di; 3. voto: risultato del referendum; 4. fu: passato remoto del verbo «essere» (v. unità 19); 5. nacque: passato remoto del verbo «nascere»; 6. attuale: che esiste oggi; 7. entrò in vigore: è diventata legge; 8. composto: formato; 9. sono eletti: sono scelti; 10. a suffragio universale: da tutto il popolo; 11. segreto: non pubblico; 12. delle due Camere: della Camera dei deputati e del Senato.

2 

1 Roma: palazzo del Quirinale (a sinistra), residenza del presidente della Repubblica.

2 Una riunione alla Camera dei deputati.

3 Il presidente della Repubblica Sandro Pertini.

3 

VI.2. Test

	Vero	Falso
1. Il 2 giugno il popolo italiano ha potuto scegliere per la prima volta fra la monarchia e la repubblica	☐	☐
2. La Repubblica italiana è di tipo presidenziale	☐	☐
3. Il Presidente è capo del governo	☐	☐
4. Il Presidente è scelto dai membri del Parlamento	☐	☐
5. Il Parlamento è composto dalla Camera dei deputati e dal Senato della Repubblica	☐	☐
6. Il numero dei senatori e di 630	☐	☐
7. L'età minima per i deputati è di 40 anni	☐	☐
8. Il presidente deve avere almeno 50 anni	☐	☐

Unità 18

Vacanze di Natale sulla neve

I.1.

Carla	Pronto? Sei tu, Laura?
Laura	Sì, Carla, dove sei?
Carla	A casa.
Laura	Ma come! Non avevi detto che saresti tornata il 7 gennaio?
Carla	Infatti sarei rimasta in montagna, ma...
Laura	Che ti è successo?
Carla	Mi è capitato un incidente sul campo di sci.
Laura	Immaginavo che saresti caduta.
Carla	È vero che non so sciare bene, ma questa volta la colpa non è mia.
Laura	E di chi è allora?
Carla	Di un ragazzo che non è stato attento e mi è venuto addosso.
Laura	Non ti sei accorta in tempo del pericolo?
Carla	Sì, e ho anche gridato, ma lui non mi ha sentito.
Laura	Che ti sei fatta?
Carla	Mi sono rotta la gamba sinistra in due punti.
Laura	Ti puoi considerare fortunata...
Carla	Ma che dici! Vuoi scherzare?

I.2. Esercizi orali

1. Completate i seguenti dialoghi secondo il modello:

Marco non è ancora tornato.
Immaginavo che non sarebbe tornato presto.

1. Marco non è ancora tornato.

   ....

Laura Volevo dire che ti saresti potuta rompere la testa e allora l'incidente sarebbe stato più grave.

Carla Grazie al cielo mi sono ferita solo un po' al viso e ad una spalla.

Laura Scherzi a parte, perché non mi hai avvertito subito?

Carla Volevo farlo, ma poi ci ho ripensato.

Laura Perché?

Carla Ti avrei creato dei problemi inutili.

Laura Fra amici non si fanno questi discorsi! ◎

2. Franco non è ancora uscito.

   ....

3. Luigi non è ancora partito.

   ....

4. Mario non è ancora arrivato.

   ....

5. Gianni non è ancora passato.

   ....

b) Laura è già tornata.
Ma come! Non aveva detto che sarebbe tornata più tardi?

1. Laura è già tornata.

   ....

2. Marta è già uscita.

   ....

3. Franca è già partita.

   ....

4. Luisa è già arrivata.

   ....

5. Carla è già venuta.

   ....

c) Verranno certamente Carlo e Franco?
Mercoledì scorso mi hanno detto che sarebbero venuti.

1. Verranno certamente Carlo e Franco?

   ....

2. Torneranno certamente Mario e Aldo?

   ....

3. Partiranno certamente Gianni e Sergio?

   ....

4. Passeranno certamente Carlo e Remo?

   ....

d) Carla ha avuto un incidente sulla neve.
Lo sapevo che prima o poi l'avrebbe avuto.

1. Carla ha avuto un incidente sulla neve.

   ....

2. Mario ha comprato un televisore a colori.

   ....

3. Luisa ha trovato un lavoro conveniente.

   ....

4. Marco ha preso un raffre dore terribile.

   ....

I.3. Rispondete alle seguenti domande:

1. Perché Carla non è rimasta in montagna più a lungo?
2. La colpa dell'incidente è di Carla?
3. Perché il ragazzo le è andato addosso?
4. Che si è fatta Carla?
5. Perché, secondo l'amica, Carla si può considerare fortunata?
6. Carla si è soltanto rotta una gamba?
7. Perché Carla non l'ha avvertita subito?

I.4. Leggete i seguenti dialoghi:

a) Perché non mi hai avvertito subito dell'incidente?	Avrei fatto	un grosso errore, perché ti saresti preoccupata inutilmente.
Volevo cambiare la macchina, ma poi ci ho ripensato.	Avresti fatto	un grosso errore, perché ancora va bene.
Carla voleva lasciare l'ufficio, ma poi ci ha ripensato.	Avrebbe fatto	un grosso errore, perché non è facile trovare un altro lavoro.
Perché non avete scelto la facoltà di medicina?	Avremmo fatto	un grosso errore, perché ci sono già troppi medici.
Volevamo vendere l'appartamento, ma poi ci abbiamo ripensato.	Avreste fatto	un grosso errore, perché di questi tempi la casa è preziosa.
I miei genitori volevano fare il viaggio in treno, ma poi ci hanno ripensato.	Avrebbero fatto	un grosso errore, perché si sarebbero stancati troppo.

b) Non ti sei rotta niente, Maria?	Perché, immaginavi che	sarei caduta?
Mi sono rotta una gamba.	Immaginavo che	saresti caduta.
Carla si è rotta una gamba.	Immaginavo che	sarebbe caduta.
Non vi siete rotti niente, ragazzi?	Perché, immaginavi che	saremmo caduti?
Ci siamo fatti male alle gambe.	Immaginavo che	sareste caduti.
Carlo e Marco si sono fatti male alle gambe.	Immaginavo che	sarebbero caduti.

II.1. Esercizi

1. Ed ora completate i seguenti dialoghi con la forma conveniente del verbo:

Abbiamo fatto la strada a piedi. Perché non ci avete telefonato? *Saremmo passati* a prendervi in macchina.	*(passare)*
1. Sai che Marta è già partita? Ma come! Non avevi detto che .... alla fine del mese?	*(partire)*
2. Perché avete lasciato a casa il bambino? L' .... con noi, ma non stava troppo bene.	*(portare)*
3. Marco ha avuto un piccolo incidente con la macchina. Eravamo sicuri che prima o poi gli	*(succedere)*
4. Ieri sera non ti ho visto al concerto, Luisa. C'eri? No, ci ...., ma purtroppo avevo un altro impegno.	*(venire)*
5. Perché avete rimandato la partenza? Perché due giorni prima abbiamo saputo che .... uno sciopero dei treni.	*(esserci)*

2. Completate i seguenti dialoghi secondo il modello:

È sicuro che Carlo scriverà?
A me ha detto che avrebbe scritto.

1. È sicuro che Carlo scriverà?
   ....
2. È sicuro che Laura telefonerà?
   ....
3. È sicuro che Marco risponderà?
   ....
4. È sicuro che Anna aspetterà?
   ....
5. È sicuro che Mario pagherà?
   ....

3. Completate i seguenti dialoghi con la domanda conveniente:

Sono caduta sulla neve.
Che ti sei fatta?

1. Sono caduta sulla neve.
   ....?
2. Marco ha avuto un incidente sul lavoro.
   ....?
3. Laura è caduta per le scale.
   ....?
4. Sandro e Aldo hanno avuto un incidente d'auto.
   ....?
5. Al semaforo una macchina ci è venuta addosso.
   ....?

II.2. Sotto l'albero di Natale

Laura Per chi è questo pacchetto?
Guido È per te, Laura. 1

Laura Che c'è dentro?
Guido Se lo apri, lo vedi. 2

Laura Da quale parte si apre?
Guido Di fianco. 3

Laura Che regalo mi hai fatto?
Guido Non te lo dico, altrimenti che sorpresa sarebbe? 4

Laura Non vedo l'ora di sapere che c'è.
Guido Ma quanto ci vuole per aprirlo? 5

Laura Oh, che bello, è proprio la borsa che sognavo!
Guido Ero sicuro che ti sarebbe piaciuta. 6

II.3. Rispondete alle seguenti domande:

1. Guido dice a Laura che cosa c'è dentro il pacchetto per lei?
2. Che cosa le risponde quando Laura gli chiede che c'è dentro?
3. Da quale parte si apre il pacchetto?
4. Che c'è nel pacchetto?
5. Di che cosa era sicuro Guido?

II.4. Completate i dialoghi secondo il modello:

Ti ho fatto un regalo.
Che regalo mi hai fatto?
È una sorpresa.

1. Ti ho comprato un disco.
   ....?
   Un 33 giri di Celentano.
2. Ti ho preso un libro.
   ....?
   Un giallo di Agatha Christie.
3. Ti ho fatto un golfino.
   ....?
   Un cardigan rosso.
4. Ti ho portato un liquore.
   ....?
   Un cognac francese.
5. Ti ho prenotato un posto.
   ....?
   Un posto per il concerto di domani.

II.5. Come sopra:

Mi presterebbe una penna?
Quale vuole?
Quella nera.

1. Mi passerebbe una matita?
   ....?
   Quella rossa.
2. Mi darebbe un po' d'acqua?
   ....?
   Quella naturale.
3. Mi passerebbe un giornale?
   ....?
   Quello illustrato.
4. Mi comprerebbe un rullino?
   ....?
   Quello in bianco e nero.
5. Mi passerebbe una pizza?
   ....?
   Quella al pomodoro.

III.1. Riflessione grammaticale

1.

Carla	dice	che	tornerà	fra	due settimane
	diceva ha detto		sarebbe tornata	dopo	

dicono	che	verranno	certamente
hanno detto		sarebbero venuti	

Immagino	che	Carla	cadrà	sulla neve
Immaginavo			sarebbe caduta	

Lo so	che	Mario	pagherà	per tutti
Lo sapevo			avrebbe pagato	

2.

Presente		*Dopo il presente*	*Passato*		*Dopo il passato*
dice	che	tornerà	diceva	che	sarebbe tornata
			ha detto		
lo so	che	pagherà	lo sapevo	che	avrebbe pagato

3.

Hanno detto	che	sarebbero venuti,	e sono venuti davvero e forse verranno davvero
Dicevano			ma poi non sono venuti

4.

Nel passato
Sarei rimasta in montagna, ma...
Ti saresti potuta rompere la testa
L'incidente sarebbe stato più grave
Ti avrei creato dei problemi inutili

5.

Che Che tipo di	giornale	preferisce?	Quelli illustrati.
	macchina		Quella sportiva.
	sigarette		Quelle forti.
	libri		Quelli di storia.

6.

Quale	giornale	preferisci:	il quotidiano o quello illustrato?
	macchina		la mia o quella di Aldo?
Quali	sigarette		le Nazionali Super o le Diana?
	libri		i libri di storia o quelli di avventure?

7.

Che Che cosa Cosa	ti sei fatta? vi siete fatti?

8.

Quanto	tempo	ci vuole?
Quanta	strada	c'è da fare ancora?
Quanti	soldi	ci vogliono?
Quante	sigarette	fumi?

9.

Di	chi	è la colpa?
A		telefoni?
Da		andrai stasera?
Con		parti per la montagna?
Per		è questo pacchetto?

III.2. Raccontate il contenuto del dialogo fra Carla e Laura ricordando i seguenti punti:

Carla a casa / tornare il 7 gennaio / un incidente sul campo di sci / la colpa / un ragazzo / non attento / accorgersi del pericolo / gridare / gamba sinistra / fortunata / rompersi la testa / ferirsi il viso / non avvertire subito / ripensarci / creare problemi inutili /

III.3. Rispondete alle seguenti domande:

1. Nel Suo paese c'è l'abitudine di passare le vacanze di Natale sulla neve?
2. Lei sa sciare?
3. Cosa risponde ad una persona che Le chiede se sa sciare bene?
4. Conosce il nome di qualche posto dove si può sciare in Italia?
5. Come passa di solito il Natale?

III.4.a. Raccontate una vostra esperienza sulla neve.

III.4.b. Se non sapete sciare, raccontate l'esperienza di una persona amica.

IV Esercizio di pronuncia e intonazione

1. **Sci, sce / schi, sche**

Sai sciare, Natascia?

Scherzi a parte: che ti sei fatta?

Preferisce il pesce o la carne?

Mi piace nuotare quando il mare è liscio.

Maria avrebbe voluto per regalo alcuni dischi.

Prendi l'ascensore o sali a piedi?

2. *Le doppie consonanti* (bb, cc, dd, mm, rr, tt, vv)

Che ti è successo?

Immaginavo che saresti caduta.

La colpa è di un ragazzo che non è stato attento e mi è venuto addosso.

Perché non mi hai avvertito subito?

Lo sapevo che Marco non sarebbe arrivato presto.

Per chi è questo pacchetto?

3. *Frasi interrogative*

Pronto? Sei tu, Laura?

Vuoi scherzare?

Verranno certamente Carlo e Franco?

Sai che Marta è già partita?

Perché avete rimandato la partenza?

Da quale parte si apre?

4. *Frasi interrogative-negative*

Non dicevi che saresti tornata il sette gennaio?

Perché non mi hai avvertito subito?

Non ti sei rotta niente, Maria?

Perché non avete scelto la facoltà di medicina?

Perché non ci avete telefonato?

V Test

1. Completate i seguenti dialoghi con la forma conveniente del pronome e del verbo:

1. Sai che Anna ha lasciato il lavoro?
   Lo sapevo che ....
2. Anna ha cambiato casa.
   Ripeteva sempre che ....
3. Perché non hai comprato le sigarette?
   ...., ma il tabaccaio era chiuso.
4. Sa che le ferrovie fanno sciopero domani?
   Immaginavo che ....
5. Avete sentito che Carlo sposerà quella ragazza?
   Eravamo sicuri che prima o poi ....

2. Completate le seguenti frasi con le preposizioni convenienti:

1. Mi è capitato un incidente .... campo .... sci.
2. Non ti sei accorta .... tempo .... pericolo?
3. Grazie .... cielo non mi sono ferita .... testa.
4. .... amici non si fanno questi discorsi!
5. Quel pacchetto si apre .... fianco.

3. In alcune delle seguenti frasi c'è un errore: trovatelo!

1. Carla non ha avvertito Laura dell'incidente, perché le avrebbe creato problemi inutili.
2. Sei stata fortunata, Maria: ti potresti rompere una gamba.
3. Immaginavo che Carlo prima o poi avrebbe un incidente, perché corre troppo.
4. Sabato scorso Sandro mi ha detto che sarebbe venuto oggi, ma non ci credo.
5. Eravamo sicuri che nostro figlio troverebbe un buon lavoro, invece è ancora disoccupato.

4. Completate le seguenti frasi con le parole mancanti:

1. .... ti sei fatta? Mi sono ferita ad una gamba.
2. .... vestito ti metti? Quello rosso o quello nero?
3. .... siamo a pranzo? Siamo otto.
4. Questo regalo per .... è? È per Laura.
5. Di .... stoffa è quel vestito? È di lana pura.

5. Ed ora fate il test n. 9 che si trova in fondo al libro.

VI.1. Giochi e scommesse[1]

«La domenica mi lasci sempre sola...» dicono le parole di una vecchia canzone italiana in cui la donna lancia un grido disperato[2] al suo uomo che ogni domenica pomeriggio l'abbandona[3] per andare allo stadio a sostenere la squadra del cuore[4].

Il gioco del calcio è la grande passione, disinteressata[5], degli italiani che lo praticano in più di mezzo milione e, in numero molto maggiore, lo seguono dal vivo[6] o alla televisione. Ma non è tutto. In tasca ad ogni "tifoso"[7] c'è una "schedina»[8] del totocalcio[9]: altra passione, interessata questa, degli italiani di ambo i sessi[10] e di ogni età, che vedono nel «toto» un dio dispensatore di denaro[11].

La parola «toto», con le sue «t» e le sue «o», richiama alla mente l'altra parola magica, il «lotto», gioco secolare degli italiani che cercano di indovinare in anticipo[12] certi numeri che saranno estratti a sorte[13] il sabato da un'organizzazione statale appositamente istituita[14].

1

2

3

CONCORSO 35

TOTOCALCIO CONI
COMITATO OLIMPICO NAZIONALE ITALIANO

Totocalcio
« AL SERVIZIO DELLO SPORT »

GIOCHI DELLA GIOVENTÙ
una manifestazione creata dal CONI per tutti i giovani

PARTITE DEL 18-4-81

FIGLIA — Concorso 35 del 18-4-81 / SPOGLIO — Concorso 35 del 18-4-81 / MATRICE — Concorso 35 del 18-4-81

N.	Squadra 1ª	Squadra 2ª	Figlia		Spoglio		Matrice	
1	Italia*	Rep. Dem. Tedesca*	1	1	1	1	1	1
2	Atalanta	Rimini	X	2	X	2	X	2
3	Catania	Verona	2	2	2	2	2	2
4	Cesena	Bari	X	1	X	1	X	1
5	Foggia	Milan	2	X	2	X	2	X
6	Genoa	Spal	1	2	1	2	1	2
7	L.R. Vicenza	Sampdoria	X	X	X	X	X	X
8	Lecce	Lazio	1	1	1	1	1	1
9	Monza	Taranto	1	X	1	X	1	X
10	Pescara	Pisa (1° t.)	2	X	2	X	2	X
11	Pescara	Pisa (r. f.)	X	1	X	1	X	1
12	Varese	Palermo (1° t.)	1	2	1	2	1	2
13	Varese	Palermo (r. f.)	X	1	X	1	X	1

*UNDER 21

CONSERVATE il tagliando figlia della scheda vincente!
Il pagamento dei premi avviene solo previo ritiro di tale tagliando

Scrivere 1 per indicare la vittoria della Squadra 1 Scrivere 2 per indicare la sua sconfitta Scrivere X per indicare il pareggio

SCHEDA PER 2-4-8 COLONNE

1 L'attaccante Roberto Bettega, un idolo dei tifosi italiani.

2 Fase di un incontro tra la nazionale italiana e quella della Germania Occidentale.

3 Una schedina del totocalcio.

Calcio, totocalcio, lotto, lotterie...: come mai tanto accanimento[15] per questi giochi? Evasione dalla miseria quotidiana materiale e morale[16], un modo per sfuggire all'alienazione[17], insomma una specie di droga.

Sta di fatto che[18] gli italiani non solo hanno il pallino del gioco[19], ma sono anche dei grandi inventori di giochi. Questa passione per il gioco devono averla ereditata[20] dai Romani, grandi giocatori di dadi e spettatori assidui[21] dei «ludi»[22].

Note

1. scommesse: impegno di una somma di denaro sul risultato di un gioco o di un incontro sportivo; 2. lancia un grido disperato: grida la sua delusione; 3. l'abbandona: la lascia sola; 4. la squadra del cuore: la squadra preferita; 5. disinteressata: senza interesse personale o economico; 6. dal vivo: negli stadi; 7. tifoso: persona che sostiene la squadra del cuore, di cui segue tutte le partite; 8. schedina: piccolo foglio sul quale sono elencate tredici partite. A fianco di ognuna si scrive «1» per indicare la vittoria della squadra che gioca in casa, «2» per la vittoria della squadra ospite e «x» per il pareggio; 9. totocalcio: concorso settimanale a premi sui risultati delle partite di calcio; la parola è derivata da *totalizzatore del calcio*, sistema per calcolare il totale delle scommesse e per dividerlo poi, dopo aver detratto le tasse, fra quanti hanno fatto 13 o 12 punti; 10. di ambo i sessi: di tutti e due i sessi; 11. dispensatore di denaro: che regala denaro a piene mani; 12. indovinare in anticipo: immaginare prima dell'uscita; 13. saranno estratti a sorte: saranno scelti a caso; 14. appositamente istituita: formata per questo fine; 15. accanimento: ostinazione; 16. Evasione...: desiderio di rompere con la solita vita, povera in senso economico e spirituale; 17. sfuggire all'alienazione: evitare la condizione psicologica che porta l'uomo ad estraniarsi dall'ambiente in cui vive; 18. Sta di fatto che...; il fatto è che...; 19. hanno il pallino del gioco: hanno la mania, l'idea fissa del gioco; 20. devono averla ereditata: forse l'hanno avuta in eredità; 21. spettatori assidui: sempre presenti; 22. ludi: giochi organizzati nell'antica Roma.

4

1° Premio 300 MILIONI
E NUMEROSI ALTRI PREMI
INCOLLATE IN QUESTO RIQUADRO IL TAGLIANDO ANNESSO AI BIGLIETTI DELLE **LOTTERIE NAZIONALI** E COMPLETATE LA CARTOLINA CON LE INDICAZIONI DEL MITTENTE

Affrancatura

9 ESTRAZIONI SETTIMANALI PER UN TOTALE DI 45 MILIONI

Premi settimanali: 1 premio da L. 2.000.000
3 premi da L. 1.000.000

MITTENTE
Sig. ....
Via .... n. ....
(C.A.P. ....) ....
SCRIVERE POSSIBILMENTE IN STAMPATELLO

Spett.
ROMETRA S.p.a.
GESTIONE LOTTERIE NAZIONALI
Via Calabria, 35
00187 ROMA

Spedite subito la cartolina!
I premi verranno corrisposti direttamente ai vincitori, a cura del Ministero delle Finanze, Direzione Generale Entrate Speciali. I nomi dei vincitori saranno resi noti a mezzo di comunicati letti alla Radio ogni giovedì successivo all'estrazione e a mezzo di Bollettini Ufficiali esposti dai rivenditori.

7 

4 Un botteghino del lotto a Napoli.

5-6 Una cartolina di partecipazione alla lotteria nazionale.

7 Pittoresca manifestazione di tifosi napoletani prima della partita. In Italia il tifo assume spesso aspetti folcloristici.

8 

8 Il passaggio del Giro d'Italia lungo le coste della Riviera Ligure. Il ciclismo su strada è uno degli sport più popolari in Italia.

VI.2. Test

	Vero	Falso
1. Il totocalcio e il lotto sono giochi a premi	☐	☐
2. Gli italiani hanno ereditato la passione del calcio dai Romani	☐	☐
3. I numeri del lotto sono estratti a sorte la domenica	☐	☐
4. Gli italiani seguono il calcio dal vivo o alla televisione in più di mezzo milione	☐	☐
5. I Romani erano grandi giocatori di dadi e appassionati dei «ludi»	☐	☐

Unità 19 Radici

I.1.

Carlo A prima vista si direbbe che sei italiano invece che americano.

Frank Infatti sono di origine italiana.

Carlo Ma non sei nato in Italia?

Frank No, e nemmeno mio padre.

Carlo Sono molti anni che la tua famiglia vive negli Stati Uniti?

Frank I miei nonni emigrarono cinquant'anni fa.

Carlo Da dove venivano?

Frank Da un piccolo paese della Sicilia.

Carlo Dove si stabilirono?

Frank In California.

Carlo Ebbero difficoltà a sistemarsi?

Frank All'inizio abbastanza, ma poi il nonno trovò un buon lavoro.

Carlo Sono ancora vivi tutti e due?

Frank No, il nonno morì quando avevo sei anni e la nonna l'anno scorso.

Carlo Tornarono mai in Italia?

I.2. Esercizi orali

1. Rispondete alle seguenti domande:

1. Frank è nato in Italia?
2. Quanti anni fa i suoi nonni emigrarono negli Stati Uniti?
3. Da quale parte dell'Italia venivano?
4. Sono ancora vivi?
5. Quante volte tornarono in Italia?
6. In quale occasione il padre di Frank andò al paese da cui venivano i suoi genitori?
7. A Frank piacerebbe andarci?

Frank Sì, una volta.

Carlo Tuo padre conosce il paese da cui venivano i genitori?

Frank Sì, ci andò con mia madre in viaggio di nozze.

Carlo Che impressione gli fece?

Frank Gli piacque molto.

Carlo A te non piacerebbe andarci?

Frank Certo! È proprio questo il motivo per cui mi trovo in Italia. ◎

2. Leggete i seguenti dialoghi:

and are
and ai
and asti
and ò
and ammo
and aste
and arono

Bruno, chi andò a prendere Franco all'aeroporto?

Ci andarono Carlo e Gino perché io ero occupato.

Marta parlò poi con Sandro del suo problema?

No, quel giorno credette opportuno non dirgli niente.

Perché?

Perché era sicura che non l'avrebbe ascoltata.

cred ere
cred ei (etti)
cred esti
cred é (ette)
cred emmo
cred este
cred erono (ettero)

In che anno finì l'università, dottore?

La finii nel 1967, poco prima dell'inizio della contestazione.

fin ire
fin ii
fin isti
fin ì
fin immo
fin iste
fin irono

Alcuni anni fa il dottor Sarti ebbe un incidente piuttosto grave con la macchina e da allora preferisce non guidare.

Ora capisco perché guida sempre sua moglie!

avere
ebbi
avesti
ebbe
avemmo
aveste
ebbero

La colpa dell'incidente fu del dottor Sarti?

Sembra di sì.

essere
fui
fosti
fu
fummo
foste
furono

---

3. Ed ora completate le frasi con la forma conveniente del verbo al passato:

Quando Sergio *tornò* nella sua città la *trovò* molto cambiata.	(tornare/trovare)
1. Quando mio fratello .... in Giappone mi .... per regalo della stoffa di seta.	(andare/portare)
2. Cinque anni fa i Rossi .... la casa di campagna e .... un appartamento in città.	(vendere/comprare)
3. Anna .... una classe, perciò .... la scuola un anno dopo di me.	(ripetere/finire)
4. Quando il professor Martini .... un disturbo di cuore il medico gli .... di fumare e da allora ha smesso.	(avere/proibire)
5. Anna e Claudia .... all'ultimo minuto, ma .... lo stesso a trovare posto.	(arrivare/riuscire)

4. Leggete i seguenti dialoghi:

Vorrei tanto rinfrescare il mio inglese. Sai se ci sono delle borse di studio per l'Inghilterra?

Sì, ci sono. L'anno scorso Mario ne chiese una per due mesi e la ottenne.

chied	*ere*
chie	si
chied	esti
chie	se
chied	emmo
chied	este
chie	sero

Costa molto il biglietto aereo per il Canadà?

Non so di preciso. Ricordo però che Sandro spese relativamente poco.

Già, ma da due anni a questa parte le tariffe sono molto aumentate.

spend	*ere*
spe	si
spend	esti
spe	se
spend	emmo
spend	este
spe	sero

A Parigi Marco fu ospite di un amico francese.

Ci rimase molto?

Circa un mese.

Beato lui!

riman	*ere*
rima	si
riman	esti
rima	se
riman	emmo
riman	este
rima	sero

Chissà perché Paolo e Giulio scelsero proprio New York per passare le vacanze?

Perché il prezzo del viaggio era conveniente.

Che strano modo di scegliere un posto per le vacanze!

scegli	*ere*
scel	si
scegli	esti
scel	se
scegli	emmo
scegli	este
scel	sero

Perché quel giorno ti arrabbiasti con Paola?

Perché mi disse che ero falso.

E invece eri sincero?

Certo! Io dico sempre la verità!

dire
dissi
dicesti
disse
dicemmo
diceste
dissero

II.1. Esercizi scritti

1. Completate la storia di Ferdinando, mettendo al passato (imperfetto e passato remoto) i verbi indicati a parte:

FERDINANDO di Dahl Mikkelsen

Una mattina, ancora mezzo addormentato, Ferdinando .... in cucina a fare colazione. Quando ...., sua moglie non gli .... neppure uno sguardo. Ferdinando .... un grande appetito, ma quando .... la moglie in vestaglia e tutta spettinata, gli .... la voglia di mangiare.

Allora .... la borsa e .... in fretta verso l'uscita, mentre lei lo .... senza capire la ragione per cui non .... fare colazione.

Quando .... in ufficio, Ferdinando .... al tavolo di lavoro e subito .... una bella sorpresa: la segretaria, elegante e ben pettinata, gli .... con un bel sorriso un caffè fumante.

andare
avere
avere
avviarsi
entrare
gettare
giungere
guardare
passare
portare
prendere
sedersi
vedere
volere

2. Conversazioni

1.	Come mai hai deciso di andare in Italia?	Come mai ha deciso di andare in Italia?
	Per vedere il paese *in cui* sono nati i miei nonni.	Per vedere il paese *nel quale* sono nati i miei nonni.
	È solo questa la ragione *per cui* ci vuoi andare?	È solo questa la ragione *per la quale* ci vuole andare?
	No, vorrei visitare alcune città, *tra cui* naturalmente Roma.	No, vorrei visitare alcune città, *tra le quali* naturalmente Roma.
2.	È sempre così occupata, signora?	È sempre così occupata, signora?
	Eh, sì, ho tante cose *a cui* badare.	Eh, sì, ho tante cose *alle quali* badare.
	E deve fare tutto da sola?	E deve fare tutto da sola?
	L'unica persona *su cui* potrei contare è mio marito, ma non è mai a casa.	L'unica persona *sulla quale* potrei contare è mio marito, ma non è mai a casa.

3. Leggete la seguente storia e poi provate a ripeterla alla III persona singolare (John) e alla III plurale (John e Mary):

«Quando il treno giunse a Napoli scesi per primo e corsi a cercare un taxi.
Chiesi ad un tassista se era libero e per fortuna mi rispose di sì.
Prima di salire gli chiesi il prezzo della corsa fino al Vomero e quando lo seppi rimasi piuttosto sorpreso.
Allora il tassista mi disse che se volevo risparmiare dovevo accettare di andare insieme ad un'altra persona.
Scelsi quella soluzione e così spesi la metà di quanto avrei speso da solo.»

4. Completate i dialoghi secondo il modello:

Quando rendesti i soldi a Marta?
Glieli *resi* quasi subito.

1. A che ora giungesti a Zurigo l'ultima volta?
   Ci .... alle due di notte.

2. Quale lingua sceglièsti alla scuola media?
   .... l'inglese.

3. Rimanesti molto tempo a Parigi quell'anno?
   Ci .... un mese.

4. Cosa rispondesti a Marco in quella occasione?
   Gli .... che secondo me aveva ragione Luigi.

5. Quella volta per andare a Milano prendesti l'aereo?
   No, ... il treno perché l'aeroporto era chiuso per la nebbia.

5. Completate i seguenti dialoghi secondo il modello:

Gianni è un caro ragazzo.
Infatti è l'amico *con cui* mi trovo meglio.

1. Tua sorella ti aiuta?
   Sì, è la sola persona .... posso contare.
2. Ha viaggiato molto?
   Sì, ho visto tanti paesi, ... anche l'Australia.
3. Roma è davvero bella!
   Sì, è la città .... vorrei vivere.
4. Ho sentito che il dottor Bianchi è molto bravo.
   Sì, è il medico .... vado sempre anch'io.
5. Chissà perché Antonio ha smesso di studiare?
   Le ragioni .... ha smesso sono diverse.

6. Ed ora trasformate le frasi secondo il modello:

Gianni è l'amico con cui mi trovo meglio.
Gianni è l'amico *con il quale* mi trovo meglio.

1. Mia sorella è la sola persona su cui posso contare.
   ....
2. Ho visto tanti paesi, tra cui anche l'Australia.
   ....
3. Roma è la città in cui vorrei vivere.
   ....
4. Il dottor Bianchi è il medico da cui vado sempre anch'io.
   ....
5. Le ragioni per cui Antonio ha smesso di studiare sono diverse.
   ....

II.2. Intervista con un emigrato italiano

Giornalista Da quanto tempo si è stabilito in Germania?
Emigrato Da parecchi anni. 1

Giornalista Perché decise di emigrare?
Emigrato Perché in Calabria c'era poco lavoro. 2

Giornalista Che mestiere faceva lì?
Emigrato Il muratore, come qui. 3

Giornalista Ebbe difficoltà a sistemarsi?
Emigrato No, per fortuna trovai subito lavoro. 4

Giornalista Torna spesso in Italia?
Emigrato Normalmente una volta all'anno per rivedere i parenti. 5

Giornalista	Non pensa di ritornarci definitivamente?	
Emigrato	Sì, ma solo quando andrò in pensione.	6

Giornalista	Dunque è soddisfatto della vita che conduce qui?	
Emigrato	Sì, i vantaggi sono tanti, ma ci sono anche dei problemi.	7

Giornalista	Vuol dire che si sente straniero sia qui che in patria?	
Emigrato	Questo è il punto. Non sono né carne né pesce.	8

Giornalista	Non parliamo poi dei figli!	
Emigrato	Già, loro hanno anche problemi con la scuola. ◉	9

1. Rispondete alle seguenti domande:

1. Perché l'emigrato decise di partire per la Germania?
2. Che mestiere faceva in Calabria?
3. Ebbe difficoltà a sistemarsi in Germania?
4. Per quale ragione torna in Italia una volta all'anno?
5. Quando pensa di ritornarci definitivamente?
6. Quali sono i problemi di cui parla?
7. Potrebbe spiegare il senso che prende in questo caso l'espressione «non sono né carne né pesce»?

III.1. Riflessione grammaticale

1.

- are		*- ere*		*- ire*	
and	ai asti ò ammo aste arono	cred	ei (-etti) esti é (-ette) emmo este erono (-ettero)	part fin	ii isti ì immo iste irono

2.

avere	*essere*
ebbi avesti ebbe avemmo aveste ebbero	fui fosti fu fummo foste furono

3.

-dere		*-ndere*	
chie chiu deci	si desti se demmo deste sero	pre re rispo sce spe	si ndesti se ndemmo ndeste sero

-cere		*-gere*	
convin	si cesti se cemmo ceste sero	giun	si gesti se gemmo geste sero

correre → rimanere →	cor rima	si se sero	corr riman	esti emmo este

4.

dire → leggere → scrivere → vivere →	di le scri vi	ssi sse ssero	dic legg scriv viv	esti emmo este

5.

bere →	bevvi	bevve	bevvero
cadere →	caddi	cadde	caddero
conoscere →	conobbi	conobbe	conobbero
piacere →	piacqui	piacque	piacquero
piovere →		piovve	
rompere →	ruppi	ruppe	ruppero
sapere →	seppi	seppe	seppero
tenere →	tenni	tenne	tennero
volere →	volli	volle	vollero

6.

fare	*dare*	*stare*	*mettere*	*vedere*
feci	diedi (detti)	stetti	misi	vidi
facesti	desti	stesti	mettesti	vedesti
fece	diede (dette)	stette	mise	vide
facemmo	demmo	stemmo	mettemmo	vedemmo
faceste	deste	steste	metteste	vedeste
fecero	diedero (dettero)	stettero	misero	videro

Osservate!

io	lui	loro
-i	-e	-ero

7.a.

È	l'amico / l'amica	con	cui	mi trovo meglio
Sono	gli amici / le amiche			

7.b.

È	l'amico / l'amica	con	il / la	quale	mi trovo meglio
Sono	gli amici / le amiche		i / le	quali	

7.c.

		a		voglio più bene
È	la persona	di		ho bisogno in questo momento
		da		ho ricevuto tanti favori
		in	cui	ho più fiducia
		su		posso contare sempre
Sono	le persone	con		vado più d'accordo
		per		mi preoccupo di più

7.d.

		alla		voglio più bene
È	la persona	della	quale	ho bisogno in questo momento
		dalla		ho ricevuto tanti favori
		nella		ho più fiducia
		sulle		posso contare sempre
Sono	le persone	con le	quali	vado più d'accordo
		per le		mi preoccupo di più
		tra le		mi trovo meglio

III.2. Raccontate il contenuto del dialogo fra Carlo e Frank ricordando i seguenti punti:

origine italiana / Frank e suo padre / i nonni / piccolo paese della Sicilia / California / sistemarsi / nonno e nonna morire / tornare in Italia / padre e madre / viaggio di nozze / Frank in Italia / motivo /

III.3. Rispondete alle seguenti domande:

1. Nel Suo paese ci sono persone di origine italiana?
2. Conosce qualche famiglia con un cognome italiano?
3. Lei sa quanti sono gli italiani che vivono all'estero per lavoro?
4. Lei è di origine italiana? Se sì, da quale parte dell'Italia è emigrata la Sua famiglia?

III.4.a. Se siete di origine italiana, raccontate come, quando e perché i vostri nonni o i vostri genitori hanno deciso di emigrare nel paese in cui vivete.

III.4.b. Se non siete di origine italiana, raccontate la storia di qualche conoscente che è emigrato nel vostro paese.

III.4.c. Se non potete raccontare né l'una né l'altra storia, parlate del vostro caso (se siete nati nella città in cui vivete, se da bambini o da adulti avete cambiato città, ecc.).

IV Esercizio di pronuncia e intonazione

1. *Le doppie consonanti* (bb, cc, ff, gg, ll, mm, nn, pp, rr, ss, tt, zz)

I miei nonni emigrarono cinquant'anni fa.

Ebbero abbastanza difficoltà a sistemarsi.

Andammo in Inghilterra in viaggio di nozze.

Ci piacque molto Assisi.

Credetti opportuno non dire niente a Gianni.

Il dottor Sarti ebbe un incidente con la macchina.

In Giappone comprai della stoffa di seta.

Paolo andò a New York perché il prezzo del viaggio era conveniente.

Quando Ferdinando entrò, sua moglie non gli gettò neppure uno sguardo.

Graziella è sempre tanto occupata.

2. *Frasi interrogative*

Da dove venivano i tuoi nonni?

Ebbero difficoltà a sistemarsi in California?

Sono ancora vivi tutti e due?

Tornarono mai in Italia?

Andasti tu a prendere Franco all'aeroporto?

Parlasti con Sandro del tuo problema?

In che anno finì l'università, dottore?

Sai se ci sono delle borse di studio per l'Inghilterra?

Come mai ha deciso di andare in Italia?

È sempre così occupata, signora?

3. *Frasi esclamative*

Ora capisco perché guida sempre sua moglie!

Beato lui!

Che strano modo di scegliere un posto per le vacanze!

Certo! Io dico sempre la verità!

Roma è davvero bella!

V Test

1. Completate le frasi con i pronomi «che», «cui», «quale», secondo il senso:

1. Il letto su .... ho dormito in albergo era molto comodo, per .... mi sono riposato bene.
2. Vorrei andare a vedere il film .... danno al cinema Odeon.
3. Abbiamo letto molti libri interessanti, tra i .... anche uno sulla storia d'Italia.
4. Tanti anni fa Pietro mi prestò i soldi di .... avevo bisogno per fare un viaggio di studio.
5. Maria è una persona alla .... si può dire tutto, perché non va a raccontarlo agli altri.

2. Completate le parole con le lettere mancanti:

1. Dante na...........e a Firenze nel 1265.
2. Quella sera Franco bev...........e troppo e poi st........... e male fino al giorno dopo.
3. La prima volta che andò a sciare, Marta ca...........e e si r...........p...........e una gamba.
4. Chie...........r........... a Giulio se potevano prendere la sua macchina e lui risp........... subito di sì.
5. Appena s...........pi che davano l'ultimo film di Fellini cor...........i a vederlo.

3. Formate delle frasi con le seguenti parole:

1. mai / paese / stato / Frank / è / nel / non / cui / venivano / da / i / nonni / suoi /
2. cui / prendemmo / l' / treno / per / chiuso / nebbia / era / il / per / aeroporto / la /
3. Marco / su / sempre / e / Laura / sono / unici / gli / cui / contare / amici / posso /
4. molto / a / parte / sono / da / questa / due / tariffe / anni / telefoniche / aumentate / le /
5. Luisa / badare / tante / è / perché / stanca / sempre / cose / cui / ha / a /

4. Completate le frasi con la preposizione conveniente:

1. Andammo .... Francia .... viaggio .... nozze.
2. Helga viene .... una piccola città .... Germania.
3. Franco fu molto contento .... regalo che gli facemmo.
4. Quando il treno arrivò .... Roma, scendemmo .... primi e corremmo .... cercare un taxi.
5. Il dottor Rossi è il medico .... cui vado .... tanto .... tanto .... una visita .... controllo.

VI.1. Lamento[1] per il Sud

La luna rossa, il vento, il tuo colore
di donna del Nord, la distesa di neve[2]...
Il mio cuore è ormai su queste praterie
in queste acque annuvolate[3] dalle nebbie.
Ho dimenticato il mare, la grave[4]
conchiglia soffiata dai pastori siciliani,
la cantilena[5] dei carri lungo le strade
dove il carrubo[6] trema nel fumo delle stoppie,[7]
ho dimenticato il passo degli aironi e delle gru[8]
nell'aria dei verdi altipiani
per le terre e i fiumi della Lombardia.
Ma l'uomo grida dovunque la sorte d'una patria.[9]
Più nessuno mi porterà nel Sud.

Oh, il Sud è stanco di trascinare[10] morti
in riva[11] alle paludi[12] di malaria,
è stanco di solitudine, stanco di catene,[13]
è stanco nella sua bocca
delle bestemmie[14] di tutte le razze
che hanno urlato morte con l'eco dei suoi pozzi
che hanno bevuto il sangue del suo cuore.
Per questo i suoi fanciulli[15] tornano sui monti,
costringono i cavalli sotto coltri[16] di stelle,
mangiano fiori d'acacia lungo le piste[17]
nuovamente rosse, ancora rosse, ancora rosse.
Più nessuno mi porterà nel Sud.

Salvatore Quasimodo, *La vita non è sogno*
Mondadori, Milano

Note

1. lamento: parole che nascono dal dolore (anche: componimento in versi dettato da un fatto triste); 2. distesa di neve: grande superficie coperta di neve; 3. annuvolate: rese grigie; 4. grave: pesante; 5. cantilena: lento e ritmico ripetersi di rumori; 6. carrubo: tipo di albero; 7. stoppie: ciò che resta dell'erba dopo che è stata tagliata; 8. aironi e gru: tipi di uccello; 9. grida... la sorte d'una patria: vuole avere una patria; 10. trascinare: portare; 11. riva: zona di terra che limita una distesa d'acqua o un fiume; 12. paludi: zone in cui l'acqua resta ferma; 13. catene: simbolo di mancanza di libertà, di schiavitù; 14. bestemmie: parole volgari dette per offendere o maledire; 15. fanciulli: ragazzi; 16. coltri: coperte; 17. piste: strade di montagna.

1

2

1 Greggi al pascolo vicino al tempio di Segesta in Sicilia.

2 Nebbia mattutina alla periferia di Milano.

VI.2. Test

	Vero	Falso
1. Il Sud di cui parla il poeta è la Sicilia, la terra dove è nato.	☐	☐
2. Il poeta vuole ritornare al Sud.	☐	☐
3. Il Sud è stanco del dominio straniero.	☐	☐
4. Il poeta ama il Nord, dove vive da anni.	☐	☐
5. Anche se sta bene a Milano, il poeta pensa con rammarico alla sua terra.	☐	☐

Unità 20

Fermi tutti, è una rapina!

I.1.

Antonio Dammi il giornale! Voglio vedere cosa dice della rapina a cui ho assistito ieri.

Lorenzo Tieni! Leggi ad alta voce, così sento anch'io!

Antonio «Banditi armati e a volto scoperto hanno rapinato l'agenzia numero due del Banco di Napoli. Tutto si è svolto nel giro di pochi minuti. Erano circa le dodici. A poca distanza dalla banca si è fermata una Fiat 127 di colore bianco, targata Genova. Sono scesi tre uomini che si sono diretti a passo svelto e sicuro verso la banca.»

Lorenzo Ma non avevi detto che i banditi erano due?

Antonio Infatti. Forse uno è rimasto fuori.

Lorenzo Continua!

Antonio «Uno è rimasto a fare da palo e gli altri due sono entrati con le armi in pugno.»

Lorenzo Allora avevi ragione tu. Va' avanti!

Antonio «Uno dei banditi ha gridato: "Non muovetevi, è una rapina!". Poi ha gettato al cassiere un sacchetto di plastica e gli ha detto: "Non fare scherzi! Mettici tutti i soldi! Riempilo!".»

Lorenzo E lui ha ubbidito?

Antonio Purtroppo non aveva altra scelta se voleva salvare la pelle.

Lorenzo Sentiamo!

I.2. Esercizi orali

1. Completate i dialoghi secondo il modello:

a) Dobbiamo scrivere?
Sì, scrivete, per favore!

1. Dobbiamo scrivere?

....

2. Dobbiamo scendere?

....

3. Dobbiamo smettere?

....

Antonio	«Il cassiere, sotto la minaccia della pistola, si è diretto verso la cassaforte, ha preso tutte le banconote che c'erano e le ha messe nel sacchetto, come gli aveva ordinato di fare il bandito.»
Lorenzo	Immagino la paura che aveva il cassiere!
Antonio	Poveretto! Era pallido e tremava come una foglia.
Lorenzo	Finisci di leggere!
Antonio	«Appena afferrati i soldi, i banditi sono fuggiti a tutta velocità verso la macchina dove un complice era rimasto ad attenderli con il motore acceso.»
Lorenzo	E la polizia è riuscita ad arrestarli?
Antonio	È proprio quello che volevo sapere, ma qui non dice niente. ◎

b) Che dici, usciamo adesso?
No, uscite dopo, è meglio.

1. Che dici, usciamo adesso?

   ....

2. Che dici, partiamo adesso?

   ....

3. Che dici, saliamo adesso?

   ....

4. Che dici, finiamo adesso?

   ....

c) Giocate subito?
Sì, perché?
Giocate dopo insieme a noi!

1. Giocate subito?
   Sì, perché?

   ....

2. Entrate subito?
   Sì, perché?

   ....

3. Tornate subito?
   Sì, perché?

   ....

4. Cominciate subito?
   Sì, perché?

   ....

2. Formate delle frasi secondo il modello:

a) Consigliate ad un amico di smettere di fumare.
Smetti di fumare!

1. Consigliate ad un amico di smettere di fumare.

   ....

2. Consigliate ad un amico di rimanere a casa.

   ....

3. Consigliate ad un amico di prendere l'ascensore.

   ....

4. Consigliate ad un amico di bere di meno.

   ....

b) Chiedete ad un amico di aprire la finestra.
Apri la finestra, per favore!

1. Chiedete ad un amico di aprire la finestra.

   ....

2. Chiedete ad un amico di finire il discorso.

   ....

3. Chiedete ad un amico di partire in treno.

   ....

4. Chiedete ad un amico di seguire i consigli del medico.

   ....

c) Pregate un amico di continuare a leggere.
Continua a leggere! Ti prego!

1. Pregate un amico di continuare a leggere.

   ....

2. Pregate un amico di parlare piano.

   ....

3. Pregate un amico di aspettare un momento.

   ....

4. Pregate un amico di restare ancora un po'.

   ....

3. Completate i dialoghi secondo il modello:

a) Posso portare il cane?
Certo! Portalo pure!

1. Posso portare il cane?

   ....

2. Posso finire il vino?

   ....

3. Posso scegliere il posto?

   ....

4. Posso aprire il televisore?

   ....

b) Perché non chiedete il prezzo?
Dici che è meglio?
Chiedetelo, vi conviene!

1. Perché non chiedete il prezzo?
   Dici che è meglio?

   ....

2. Perché non scrivete l'indirizzo?
   Dici che è meglio?

   ....

3. Perché non prendete il rapido?
   Dici che è meglio?

   ....

4. Perché non studiate l'inglese?
   Dici che è meglio?

   ....

4. Rispondete alle seguenti domande:

1. A che cosa ha assistito Antonio?
2. Quanti erano i banditi?
3. Che cosa ha fatto uno di loro?
4. E gli altri due cosa hanno fatto?
5. Che cosa ha gridato uno dei banditi?
6. Che cosa ha gettato al cassiere?
7. Che cosa ha fatto il cassiere?
8. Da che cosa si capiva che aveva paura?
9. Chi aspettava in macchina i banditi?

I.4. Leggete i seguenti dialoghi:

Franco, di' a Giulio di telefonarmi!
Sta' tranquillo, lo farò senz'altro.

Va' piano, è una strada pericolosa!
Se hai paura, guida tu!
Sii un po' più gentile!
Allora smetti di dirmi come devo guidare!
Se hai voglia di litigare, dillo!

Hai fretta?
No, fa' pure con calma!
Mentre mi aspetti, da' uno sguardo al giornale!
Prima dovrei fare una telefonata.
Falla pure!

Sei pronta, Laura?
Abbi pazienza! Ho quasi finito.
Di' un po': ci vuole tanto a prepararsi?
Uff! Non essere noioso!

Per favore, portami la bottiglia di vino che è sulla tavola e un bicchiere.
Subito!
Già che ci sei, vammi a prendere le sigarette!
Dove sono?
Dovrebbero essere nella tasca della giacca.

Se domattina vedi Carla, dille di venire a pranzo da noi.
Diglielo tu, per favore, perché se la invito io, forse non accetta.
Ma io non la vedrò.
Allora telefonale!

Stammi a sentire, Sergio!
Che c'è? Dimmi!
Al posto tuo accetterei quell'offerta di lavoro.
Ma è un lavoro che non mi piace.
Pensaci bene prima di rifiutarlo! Non hai tante altre possibilità.

Come mi vesto per andare a cena fuori?
Mettiti l'abito blu.
Non sarebbe meglio quello grigio?
Fammelo vedere!
Guarda!
Hai ragione. Ha una linea più moderna.

II.1. Esercizi

1. Ora immaginate di parlare con un amico e ditegli:

1. di stare zitto ....!
2. di avere pazienza ....!
3. di essere più gentile ....!
4. di fare presto ....!
5. di andare piano ....!

2. Allo stesso amico consigliate:

1. di alzarsi prima la mattina ....!
2. di prendersi una vacanza ....!
3. di vestirsi bene ....!
4. di mettersi a lavorare ....!
5. di spiegarsi meglio ....!

3. Completate ora i dialoghi, usando i seguenti verbi:
decidersi, ricordarsi, misurarsi, godersi, sbrigarsi

1. Puoi aspettarmi un momento?
   Sì, ma .... altrimenti faremo tardi!

2. Non so se accettare o no quel lavoro.
   ...., se no lo daranno a qualcun altro!

3. Vado a fare la spesa.
   .... di comprare anche lo zucchero!

4. Penso già al ritorno in città.
   Intanto .... le vacanze in santa pace!

5. Ho la fronte calda e non mi sento bene.
   .... la febbre!

4. Completate i dialoghi secondo il modello:

Ti serve ancora la penna?
No, non mi serve più.
Allora dalla a Remo, per favore!

1. Potresti farmi un piacere?
   Come no!
   Allora .... a comprare le sigarette, per favore!

2. Pensi di vedere Aldo stasera?

   Sì, ho un appuntamento con lui alle nove.

   Allora .... di passare da me domattina, per favore!

3. Hai per caso l'ultimo disco di Celentano?

   Sì, ce l'ho.

   Allora .... sentire, per favore!

4. Come mai Laura non è uscita con te?

   È un po' giù.

   Allora .... vicino, per favore!

5. Ti posso chiedere un po' di whisky?

   Purtroppo l'ho finito.

   Allora .... un bicchiere di vino, per favore!

5. Leggete i seguenti dialoghi:

Abbiamo pensato di andare da Carlo.
Non uscite con questo tempo!
Non è poi tanto brutto.
No, ma fa un freddo da cani.

Possiamo vedere il tuo nuovo televisore?
Sì, ma non toccatelo, per favore!

Ci piacerebbe fare quattro chiacchiere con Anna.
Non disturbatela; in questo momento è occupata.

Credi che potremmo chiedere la macchina a Mario?
Non chiedetegliela: so già che non ve la darà.
Perché?
È più geloso della macchina che della moglie!

6. Ora completate i dialoghi secondo il modello:

a) È presto per uscire?
Sì, non uscite ancora!

1. È presto per uscire?

   ....

2. È presto per cominciare?

   ....

3. È presto per smettere?

   ....

4. È presto per entrare?

   ....

5. È presto per scendere?

   ....

b) Dobbiamo cercare il libro?
No, non cercatelo: l'ho già cercato io.

1. Dobbiamo cercare il libro?

   ....

2. Dobbiamo chiamare il medico?

   ....

3. Dobbiamo ordinare il pranzo?

   ....

4. Dobbiamo comprare il vino?

   ....

5. Dobbiamo chiedere il prezzo?

   ....

7. Leggete i seguenti dialoghi:

Insomma, quando ti deciderai a mettere la testa a posto?
Ti prego, non ricominciare con i soliti discorsi!
Ricordati che non sei più un ragazzino!

Ti prego, non raccontare a nessuno ciò che ti ho detto!
Non avere paura, lo terrò per me!

Una ragazza per bene non esce da sola di notte, Lucia!
Non essere ridicolo, papà! I tempi sono cambiati!

Non bere più, Carlo! Devi ancora pranzare.
Non preoccuparti! Sono ancora lucido.

Non partire in macchina, Alberto! Prendi il treno!
Non insistere, Paola! Tanto non cambio idea.

Che dici: lo compro o no quel vestito?
No, non comprarlo, è troppo caro!

Posso raccontare a Lucia quello che mi hai detto?
No, non dirle niente, per favore!

Ti devo accompagnare in macchina?
No, grazie, non disturbarti!
Non fare complimenti! Per me non è nessun disturbo.

Per il suo compleanno vorrei regalare a Carlo una bottiglia di liquore.
Ti prego, non regalargliela: beve già troppo!

8. Ora immaginate di parlare con una persona amica e ditele:

1. che non deve fumare troppo ....!
2. che non deve uscire da sola ....!
3. che non deve bere tanto caffè ....!
4. che non deve parlare forte ....!
5. che non deve prendere tante medicine ....!

9. Alla stessa persona consigliate:

1. di non preoccuparsi ....!
2. di non allontanarsi ....!
3. di non trattenersi ....!
4. di non arrabbiarsi ....!
5. di non stancarsi ....!

10. Ed ora completate i dialoghi secondo il modello:

Devo comprare il giornale?
No, non comprarlo: lo compro io.

1. Devo comprare il giornale?
....:......................
2. Devo preparare il pranzo?
....:......................
3. Devo chiudere la porta?
....:......................
4. Devo prenotare i posti?
....:......................
5. Devo chiamare il taxi?
....:......................

11. Leggete i seguenti dialoghi:

Beh, com'è andata, Paolo? Bene, come prevedevo.

Hai fatto come ti avevo consigliato io?

No, ho preferito fare come mi aveva consigliato Giulio.

Perché?

Perché quello che mi avevi consigliato tu non mi convinceva.

consigliare	
avevo	
avevi	
aveva	consigliato
avevamo	
avevate	
avevano	

È pericoloso andare in giro con tanti soldi.

Certo, si corre il rischio di perderli.

O di subire un furto. A te è già accaduto?

Sì, mi hanno rubato il portafoglio.

Dove è successo? In autobus.

E non ti sei accorto subito?

No, me ne sono accorto dopo che ero sceso.

scendere	
ero	
eri	sceso, a
era	
eravamo	
eravate	scesi, e
erano	

12. Ed ora completate i dialoghi secondo il modello:

a) Quando siete arrivati, Franco doveva ancora pranzare?
No, aveva già pranzato.

1. Quando siete arrivati, Franco doveva ancora pranzare?

....

2. Quando siete arrivati, Franco doveva ancora finire?

....

3. Quando siete arrivati, Franco doveva ancora decidere?

....

b) Quando siete arrivati, Marta era già uscita?
No, non era ancora uscita.

1. Quando siete arrivati, Marta era già uscita?

....

2. Quando siete arrivati, Marta era già entrata?

....

3. Quando siete arrivati, Marta era già ritornata?

....

c) Quando hai telefonato, loro dovevano ancora alzarsi?
No, si erano appena alzati.

1. Quando hai telefonato, loro dovevano ancora alzarsi?

....

2. Quando hai telefonato, loro dovevano ancora vestirsi?

....

3. Quando hai telefonato, loro dovevano ancora sistemarsi?

....

II.2. Attenti ai ladri!

Aldo Mi hanno rubato la radio dalla macchina. 1

Remo Hanno forzato la serratura?
Aldo No, hanno rotto il vetro. 2

Remo Ti hanno fatto un bel danno!
Aldo Sì, e per di più hanno strappato i fili. 3

Remo C'erano altre cose in macchina?
Aldo La borsa, ma per fortuna i ladri non hanno notato che l'avevo nascosta sotto il sedile. 4

Remo Hai fatto la denuncia alla polizia?
Aldo Sì, ma ci sono poche speranze di ritrovare la radio. 5

Remo Comunque sei assicurato contro i furti, no?
Aldo Sì, ma la radio non è compresa nell'assicurazione.
Remo Già! Che stupido, non ci avevo pensato! 6

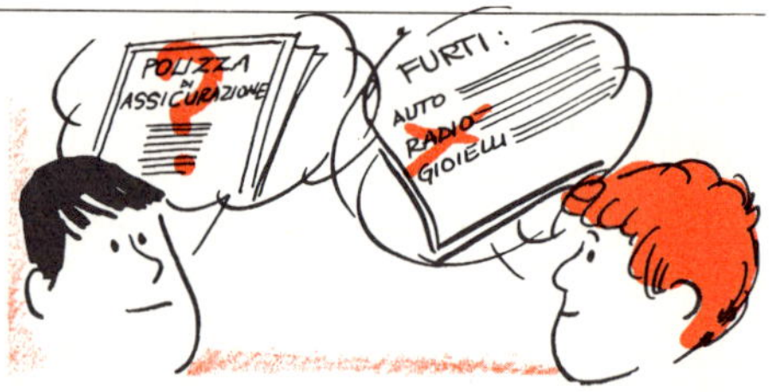

II.3. Rispondete alle seguenti domande:

1. Che cosa è successo ad Aldo?
2. Come hanno fatto i ladri a rubare la radio?
3. Che cosa hanno fatto, oltre a rompere il vetro?
4. Perché non hanno rubato anche la borsa?
5. Che cosa è andato a fare Aldo dopo che aveva scoperto il furto?

III.1. Riflessione grammaticale

1.

leggere	Tu, Marco,	leggi	poco.	Leggi	di più!
	Voi, ragazzi,	leggete	poco.	Leggete	di più!
dormire	Tu, Marco,	dormi	troppo poco.	Dormi	di più!
	Voi, ragazzi,	dormite	troppo poco.	Dormite	di più!
finire	Tu, Marco,	finisci	sempre tardi.	Finisci	per tempo!
	Voi, ragazzi,	finite	sempre tardi.	Finite	per tempo!
pensare	Voi, ragazzi,	pensate	solo a voi stessi.	Pensate	anche agli altri!
	Tu, Marco,	pensi	solo a te stesso.	Pensa	anche agli altri!

2.

Marco, perché	guardi	lì?	Guarda	qui!
	fumi	tanto?	Fuma	di meno!
	parli	forte?	Parla	più piano!
	giochi	al calcio?	Gioca	a tennis!

3.

essere			avere	
Marco,	sii	più gentile!	Abbi	pazienza!
Ragazzi,	siate	più gentili!	Abbiate	pazienza!

4.

Per andare a cena fuori,	mettiti mettetevi	l'abito blu!
Quel libro è interessante:	leggilo! leggetelo!	
Maria non ha le sigarette:	compragliele! compratagliele!	

5.

(voi)	Ragazzi,	pensate	anche agli altri!	Non pensate	solo a voi stessi!
		leggete	qualche libro!	Non leggete	solo i giornali!
		dormite	di meno!	Non dormite	tanto!
		finite	per tempo!	Non finite	sempre tardi!
(tu)	Marco,	pensa	anche agli altri!	Non pensare	solo a te stesso!
		leggi	qualche libro!	Non leggere	solo i giornali!
		dormi	di meno!	Non dormire	tanto!
		finisci	per tempo!	Non finire	sempre tardi!

6.

(voi)	Ragazzi,	questo liquore è forte, posso fare da solo, quelle sigarette sono mie,	non bevetelo! non disturbatevi! non fumatemele tutte!
(tu)	Marco,	questo liquore è forte, posso fare da solo, quelle sigarette sono mie,	non berlo! non disturbarti! non fumarmele tutte!

7.

(noi)

Perché parliamo tutti insieme? Perché prendiamo un altro caffè? Perché sentiamo solo la musica?	Parliamo uno alla volta! Prendiamo qualcos'altro! Sentiamo anche le notizie!
Parliamo uno alla volta! Prendiamo qualcos'altro! Sentiamo anche le notizie!	Non parliamo tutti insieme! Non prendiamo un altro caffè! Non sentiamo solo la musica!
È quasi ora di uscire: C'è un bel concerto alla radio: Maria non ha le sigarette:	prepariamoci! sentiamolo! compriamogliele!
In fondo non è successo nulla: Questa scatola ci può servire: Sandro è geloso della macchina:	non arrabbiamoci per così poco! non buttiamola! non chiediamogliela!

8.

Va'	alla festa!	Vacci,	ti divertirai!
Non andare		Non andarci,	ti annoierai!
Da'	l'esame!	Dallo	senza paura!
Non dare		Non darlo,	non sei pronto!
Di'	ciò che sai!	Dillo	a me!
Non dire		Non dirlo	a nessuno!
Fa'	i biglietti!	Falli	anche per noi!
Non fare		Non farli,	li abbiamo già fatti noi!
Sta'	a letto!	Stacci,	se hai la febbre!
Non stare		Non starci,	se non hai la febbre!

9.

La radio non è compresa nell'assicurazione.
Che stupido! *Non ci avevo pensato*!

Il cassiere *ha fatto* ciò che gli *aveva ordinato* il bandito.

Hai fatto come ti *avevo consigliato*?

Franco *aveva* già *mangiato* quando *siamo arrivati*.

Loro *si erano* appena *alzati* quando *ho telefonato*.

Marta *non era* ancora *uscita* quando loro *arrivarono*.

Siamo arrivati dopo che Franco *aveva mangiato*.

I ladri *non hanno notato* che Aldo *aveva nascosto* la borsa.

10.

Prima del passato	*Passato*
aveva ordinato	ha fatto
ti avevo consigliato	hai fatto
aveva mangiato	siamo arrivati
si erano alzati	ho telefonato
non era uscita	arrivarono
aveva nascosto	non hanno notato

III.2. Raccontate il contenuto del dialogo fra Antonio e Lorenzo, ricordando i seguenti punti:

Banditi / volto scoperto / rapina / agenzia Banco di Napoli / Fiat 127 / palo / armi in pugno / cassiere / sacchetto di plastica / pistola / banconote / tremare come una foglia / afferrare i soldi / fuggire / complice /

III.3. Rispondete alle seguenti domande:

1. Nel Suo paese ci sono molte rapine alle banche?
2. La Sua banca ha mai subito una rapina?
3. I giornali parlano di questi fatti?
4. Parlano anche di ciò che accade in Italia?
5. Saprebbe spiegare qual è la differenza fra rapina e furto?
6. Lei ha mai subito un furto? Che cosa Le hanno rubato?

III.4.a. Quasi sicuramente non avete assistito ad una rapina, ma forse avete letto sui giornali alcuni fatti simili. Raccontate, allora, uno di quelli che vi hanno colpito di più.

III.4.b. Se, invece, avete assistito ad una rapina, raccontate come si sono svolti i fatti.

IV Esercizio di pronuncia e intonazione

1. *Le doppie consonanti* (bb, cc, ff, gg, ll, mm, nn, pp, ss, tt, zz)

Dammi il giornale!

Leggi ad alta voce, così sento anch'io!

Tre uomini si sono diretti a passo svelto verso la banca.

Il bandito ha gettato al cassiere un sacchetto di plastica.

Ha detto: «Mettici tutti i soldi!».

Sotto la minaccia della pistola il cassiere ha ubbidito.

Poveretto! Era pallido e tremava come una foglia!

Appena afferrati i soldi, i banditi sono fuggiti
a tutta velocità.

Stammi a sentire, Anna!

Se vedi Emma, dille di aspettare!

Sta' un po' zitto, Lucio!

Posso dare il tuo indirizzo a Giuseppe?

---

2. «p» / «b»

Banditi armati di pistola hanno rapinato una banca.

Uno è rimasto a fare da palo.

Gli altri sono entrati con le armi in pugno.

Un bandito ha ordinato di riempire di banconote un sacchetto.

Il cassiere ha ubbidito per salvare la pelle.

Era pallido dalla paura.

Abbi pazienza, Paola!

Portami la bottiglia di vino e un bicchiere!

Pensaci bene prima di rifiutare quel posto!

Non essere ridicolo, papà! I tempi sono cambiati!

Non bere più, Carlo!

Per rubare la radio hanno strappato i fili.

Che stupido! Non ci avevo pensato!

---

3. **Č** / **Ġ**

Leggi a voce alta! Hanno rapinato un'agenzia della Banca Commerciale.

Tutto si è svolto nel giro di pochi minuti.

I tre banditi sono fuggiti con un complice che li aspettava con il motore acceso.

Sii un po' più gentile, Lucia!

Vammi a prendere i cerini nella tasca della giacca!

Lasciami leggere in santa pace!

Hai fatto la denuncia alla polizia?

Se vuoi andare alla festa, vacci pure!

V Test

1. Completate le seguenti frasi, secondo il senso:

1. Carlo arriva fra poco, ma io non posso aspettarlo: ...... tu, per favore!
2. Se vuoi cambiare la macchina, ... subito, perché presto i prezzi aumenteranno.
3. Quando vedi Lucia, ... che avrei bisogno di parlare con lei.
4. Appena finisci di leggere il giornale, ..., perché non l'ho ancora visto.
5. Carla non può andare a fare la spesa: ...... tu, per favore!

2. Cambiate le seguenti frasi dalla forma positiva alla forma negativa:

1. Se puoi, aspetta! ....
2. Se quel libro ti serve, prendilo! ....
3. Quel film è interessante: vallo a vedere! ....
4. Mettiti il vestito rosso: ti sta bene! ....
5. Se siete stanchi, fermatevi! ....

3. Completate la seguente storia al passato:

Ieri Antonio (incontrare) ...... per caso un suo vecchio compagno di scuola. L'ultima volta i due amici (vedersi) ...... alla festa di laurea di Antonio e poi (perdersi) ...... di vista. Naturalmente (avere) ...... molte cose da dirsi, così (decidere) ...... di pranzare insieme. (Tornare) ...... nella trattoria in cui (andare) ...... tante volte da studenti, e, con piacere misto a sorpresa, (scoprire) ...... che (rimanere) ...... tale e quale (ricordarla)......

Durante il pranzo Antonio (chiedere) ...... all'amico di raccontargli che cosa (fare) ...... in tutti quegli anni. Così (sapere) ...... che per ragioni di famiglia (dovere) ...... lasciare gli studi e cercare un lavoro e che (sposarsi) ...... e (avere) ...... due figli.

4. Completate le frasi con le parole mancanti:

1. La rapina si è svolta ...... di pochi minuti.
2. Due banditi sono entrati con le armi in ...... e l'altro è rimasto fuori a fare ......
3. Sta' tranquilla: terrò ...... me ciò che mi hai raccontato.
4. Al ...... tuo, non rifiuterei quell'offerta di lavoro.
5. Basta di bere, Francesco; hai già bevuto abbastanza e non sei più tanto ......

5. Ed ora fate il test n. 10 che si trova in fondo al libro.

VI.1. L'hobby del buon bicchiere

Per tutto il mese di settembre hanno osservato[1] il cielo sereno con grande compiacimento.[2] Durante gli ultimi dieci giorni qualcuno però cominciava ad augurarsi[3] qualche goccia d'acqua[4]: «Una pioggerella[5] autunnale[6]», mormorava con aria di cospirazione,[7] «non violenta e senza grandine. Giusto per[8] lavare i grappoli e ingrassare gli acini».[9] La risposta era quasi sempre la stessa, pronunciata sotto voce, quasi per scaramanzia[10]: «Certo, un po' d'acqua e poi subito il sole, per completare l'opera».
I desideri sono stati esauditi[11] e subito sono cominciate le telefonate, le visite alle vigne,[12] gli scambi di opinioni, la corsa alle damigiane,[13] ai tappi,[14] alle bottiglie. Al motto di «Anche il '79 sarà un anno da ricordare», la schiera sempre più fitta[15] degli appassionati del vino si è rimessa[16] in movimento.
Chi ha già una cantina[17] fornita[18] fa l'inventario delle bottiglie,[19]

1

1 Alcune fra le tante prestigiose etichette della produzione vinicola italiana. I vini italiani più pregiati vengono esportati in tutto il mondo.

confronta giudizi e assaggi e si prepara ai nuovi acquisti.[20] Chi comincia adesso, dà la caccia[21] a libri e manuali per apprendere[22] tutto sul vino, per non sfigurare[23] nei salotti, per poter mettere in tavola il vino giusto, alla temperatura giusta, nel bicchiere giusto. Iniziata[24] non più di cinque-sei anni fa, sotto la spinta[25] del ritorno alla natura e alle buone cose genuine,[26] la la passione per il vino sta conquistando[27] gli italiani. L'entusiasmo per la vendemmia[28] del '78 e l'ottimismo per quella del '79 hanno fatto il resto e il vino, oggi, può essere considerato l'hobby nazionale per eccellenza.
Se è in continuo aumento la massa di chi il vino lo beve[29] per puro piacere, ancora di più lo è il numero[30] di coloro che il vino vogliono farlo, conservarlo, conoscerlo.[31]

riduz. da Francesca Oldrini, *Beviamoci sopra*, in «Panorama», 29 ottobre 1979

Note

1. hanno osservato: il soggetto è «le persone che hanno questo hobby»; 2. compiacimento: soddisfazione; 3. augurarsi: sperare; 4. qualche goccia d'acqua: un po' di pioggia; 5. pioggerella: pioggia leggera; 6. autunnale: d'autunno (l'autunno è, insieme all'inverno, alla primavera e all'estate, una delle stagioni); 7. mormorava con aria di cospirazione: diceva a bassa voce, come per stabilire un accordo segreto; 8. Giusto per...: soltanto per...; 9. acini: frutti della vite, disposti a grappolo; 10. per scaramanzia: per tenere lontana la cattiva fortuna; 11. I desideri sono stati esauditi: finalmente è arrivata la pioggia; 12. vigne: terreni coltivati a viti; 13. damigiane: grandi recipienti di vetro per conservare il vino; 14 tappi: oggetti che servono per chiudere le bottiglie o le damigiane; 15. la schiera sempre più fitta: il grande numero sempre in aumento; 16. si è rimessa: si è messa di nuovo; 17. cantina: locale in cui si conserva il vino; 18. fornita: piena di damigiane o bottiglie; 19. fa l'inventario delle bottiglie: le conta; 20. si prepara ai nuovi acquisti: si prepara a comprare altro vino; 21. dà la caccia: corre a cercare; 22 apprendere: imparare; 23. sfigurare: fare brutta figura; 24. Iniziata: cominciata; 25. sotto la spinta: sotto lo stimolo; 26. genuine: naturali, autentiche; 27. sta conquistando: prende in questo momento (per la forma «sta + gerundio», vedere la unità 25); 28. vendemmia: raccolta dell'uva; 29. la massa di chi il vino *lo* beve...: la presenza del pronome è dovuta all'inversione dell'ordine naturale dei singoli elementi della frase, che sarebbe: la massa di chi beve il vino...; 30. ancora di più *lo* è il numero...: in questo caso *lo* sta per «in continuo aumento»; 31. di coloro che il vino vogliono far*lo*, conservar*lo*, conoscer*lo*: vedere nota 28 (l'ordine naturale sarebbe: di coloro che vogliono fare, conservare, conoscere il vino).

VI.2. Test

	Vero	Falso
1. Fare il vino è oggi l'hobby di molti italiani.	□	□
2. Le vigne sono locali in cui si conserva il vino.	□	□
3. La passione per il vino è nata sotto la spinta del ritorno alla natura e alle cose genuine.	□	□
4. Gli acini d'uva sono disposti a grappolo.	□	□
5. La massa di chi non beve il vino è in continua diminuzione.	□	□

Unità 21 Il mio paese

I.1.

Piero Hai visto? All'improvviso il sole è sparito dietro le nuvole. Sono sicuro che fra poco scoppierà un temporale.

Hassan Non mi sorprenderebbe! Da quando sono arrivato qui, sono state rare le belle giornate.

Piero Nel tuo paese il clima è migliore?

Hassan Sì, è piuttosto mite. La temperatura non scende mai sotto i dieci gradi.

Piero Neppure d'inverno?

Hassan No, laggiù l'inverno è come qui l'autunno.

Piero D'estate fa molto caldo?

Hassan Sì, molto.

Piero Che bello! È proprio il clima adatto per me che non sopporto il freddo.

Hassan Benissimo! Allora ti invito sin da ora a trascorrere qualche giorno a casa mia.

Piero Sei molto gentile, ma non so se potrò accettare il tuo invito.

Hassan Ti assicuro che vale la pena di vedere il mio paese.

Piero Purtroppo non dipende dalla mia volontà, ma dagli impegni che ho.

Hassan Devi fare di tutto per venirci!

Piero Certamente! Sarei molto interessato. Comunque nel frattempo mi piacerebbe sapere qualcosa di più sul tuo paese. Com'è il paesaggio, per esempio?

Hassan È magnifico. Ci sono delle pianure molto vaste e delle colline bellissime.

Piero Avete molte autostrade?

Hassan No, purtroppo ne abbiamo pochissime.

Piero Su che cosa si basa l'economia del paese?

Hassan Quasi unicamente sull'agricoltura.

Piero So che negli ultimi anni sono sorte diverse industrie con capitali stranieri.

Hassan Sì, è vero. Qualche anno fa i giornali dicevano inoltre che sarebbero sorte delle fabbriche con il contributo dello stato, ma ti confesso che non so come è andata a finire.

Piero Sono certo che da voi non esiste il problema della manodopera.

Hassan Infatti ci sono tantissimi operai, solo che in genere non sono specializzati.

Piero Ricevono un buon salario?

Hassan Questo non te lo saprei dire di preciso, ma sono sicuro che non è alto.

Piero Tempo fa un tuo collega mi disse che era venuto via dal suo paese perché prendeva uno stipendio da fame. Dunque guadagnano poco anche le altre categorie di lavoratori?

Hassan Purtroppo è così. Quando si vive in un paese in via di sviluppo si devono fare moltissimi sacrifici economici.

I.2. Esercizi orali

1. Completate i dialoghi secondo il modello:

a) Forse scoppierà un temporale·
Sono sicuro che scoppierà presto.

1. Forse scoppierà un temporale.
....

2. Forse uscirà il sole.
....

3. Forse cambierà il tempo.
....

4. Forse aumenterà la temperatura.
....

b) Forse Mario non aspetta più.
Io dico, invece, che aspetta ancora.

1. Forse Mario non aspetta più.
....

2. Forse Sandro non dorme più.
....

3. Forse Marta non soffre più.
....

4. Forse Giulio non studia più.
....

c) Mario deve ancora decidere?
No, dice che ha già deciso.

1. Mario deve ancora decidere?
....

2. Sandro deve ancora pranzare?
....

3. Marta deve ancora cominciare?
....

4. Giulio deve ancora finire?
....

d) Ora Marta abita a Roma.
Lo sapevo che abitava a Roma.

1. Ora Marta abita a Roma.

   ....

2. Ora Carlo è in vacanza.

   ....

3. Ora Lucia lavora a casa.

   ....

4. Ora Laura studia l'inglese.

   ....

e) Lucia è tornata a casa tardi.
L'aveva detto che sarebbe tornata tardi.

1. Lucia è tornata a casa tardi.

   ....

2. Anna è rimasta a pranzo da amici.

   ....

3. Sandra è uscita a fare spese.

   ....

4. Rita è venuta con un po' di ritardo.

   ....

f) Giulio ha poi finito quel lavoro?
Tempo fa disse che l'aveva finito.

1. Giulio ha poi finito quel lavoro?

   ....

2. Sandro ha poi comprato quel disco?

   ....

3. Remo ha poi letto quel libro?

   ....

4. Cesare ha poi pagato quel conto?

   ....

I.3. Rispondete alle seguenti domande:

1. Dov'è sparito il sole all'improvviso?
2. Com'è il clima nel paese di Hassan?
3. Perché Piero dice che quel clima è adatto per lui?
4. Piero accetta subito l'invito di Hassan?
5. Da che cosa dipende se potrà accettarlo?
6. Che cosa dice Hassan del paesaggio?
7. Su che cosa si basa l'economia del paese?
8. Perché lì non esiste il problema della manodopera?
9. Guadagnano poco soltanto gli operai?
10. Perché lì i lavoratori devono fare sacrifici economici?

I.4. Leggete i seguenti dialoghi:

Chi è quella signora che hai salutato?
È la mamma di Giorgio.
È giovanissima!
Deve avere almeno quarantacinque anni, ma li porta bene.
Non li dimostra davvero!

È vero che nel sud dell'Italia le persone sono tutte brune?
No, è falso. In Sicilia, per esempio, si vedono tante persone biondissime.

Quella sedia è scomoda. Perché non si siede in poltrona, signorina?
Grazie, sto comodissima anche qui.

Chi è l'interprete principale dell'ultimo film di Marco Bellocchio?
È un attore famosissimo, ma ora non mi viene in mente il nome.

Dovresti pulire le scarpe.
Ma non vedi che le ho pulite?
Ti sembrano pulite così?
Sì, per me sono pulitissime.
Devo dire che hai un'opinione molto personale della pulizia!

È vero che quella di Bologna è la più antica delle università italiane?
Sì, infatti risale al 1158.

Quella macchina fotografica è carissima.
Sì, ma è perfetta.
È la più cara di tutte?
Penso di sì.

Come Le sembra questo vino?
È buonissimo.
Lo trovo ottimo anch'io.

Quanti fratelli siete?
Due maschi e una femmina.
Tu sei il maggiore?
No, sono il minore.

Secondo me, il periodo migliore per visitare Venezia è l'autunno.
No, è proprio il peggiore, perché in autunno la città è triste.
Allora qual è il migliore?
La primavera.

Oggi l'aria è tiepida: si sta bene senza cappotto.
È vero, si sta benissimo senza.

Mi hanno detto che il padre di Sergio è malato.
Sì, sta malissimo.
Di che si tratta?
Ha un cancro allo stomaco. I medici gli hanno dato pochi mesi di vita.
Povero Sergio! È così legato a suo padre!
Sì, gli vuole un bene dell'anima.

Vado a letto. Ho sonno, sono stanco morto.
Si vede dalla faccia che sei stanchissimo.

Hai visto come guida quel tipo? Sorpassa anche quando è vietato.
È pazzo da legare!

Marco è tornato a casa bagnato fradicio.
Non aveva l'ombrello?
No. Come al solito si era dimenticato di prenderlo.

La valigia è piena zeppa: queste scarpe non ci stanno.
Allora togli qualcos'altro.
Dimmelo tu cosa devo togliere.

I miei vicini di casa hanno comprato una villa al mare.
Con quello che costano oggi le case, devono essere ricchi sfondati!
Stanno bene, ma non sono ricchissimi.
Allora non mi spiego come hanno fatto...
Dicono che è stata una vera occasione.

II.1. Ed ora rispondete alle domande secondo il modello:

a) È un appartamento nuovo?
Sì, è nuovissimo.

1. È un appartamento nuovo?
....
2. È un paese piccolo?
....
3. È un clima freddo?
....

b) È una fabbrica grande?
Sì, è grandissima.

1. È una fabbrica grande?
....
2. È una cosa semplice?
....
3. È una persona interessante?
....

c) È caro quel televisore?
Sì, è il più caro di tutti.

1. È caro quel televisore?
....
2. È forte quel liquore?
....
3. È grande quel parcheggio?
....

d) Marco è arrivato presto?
Sì, è arrivato prestissimo.

1. Marco è arrivato presto?
....
2. Aldo è tornato tardi?
....
3. Remo è andato forte?
....

II.2. Difendiamo la natura!

Grazia Guarda quanto è sporco questo fiume! Si nota subito che la gente non ha alcun rispetto per la natura.

Rita Forse perché da bambini nessuno ci insegna a rispettarla. 1

Grazia Basta vedere come restano i prati dopo che la gente se n'è andata.

Rita Già! Sono pieni di cartaccia e di barattoli vuoti. 2

Grazia Che ci vorrebbe a raccoglierli?

Rita Non sarebbe una grande fatica, ma nessuno ci pensa. 3

Grazia Qualche volta poi certa gente non esita a fare del fuoco con i rami secchi.

Rita Spesso lo fanno quelli che vanno a caccia. 4

Grazia Non parlarmi dei cacciatori! Chi uccide gli uccelli e distrugge tante specie di animali è un nemico della natura. 5

Rita Non sono simpatici neanche a me. Io addirittura abolirei questo sport.

Grazia Chiamalo sport! 6

II.3. Rispondete alle seguenti domande:

1. Come sono i prati dopo che la gente se n'è andata?
2. Cosa fa qualche volta la gente, oltre a gettare sui prati la cartaccia e i barattoli vuoti?
3. Perché, secondo Grazia, i cacciatori sono nemici della natura?

II.4. Come si dice in un altro modo?

Vado via.
Perché vai via?
Perché va via anche Marco.
Allora andiamo via anche noi.
Se andate via anche voi, non resta nessuno.
No, Anna e Fausto non vanno via.

Ieri sera sei andata via presto, Rita?
Sì, sono andata via alle undici.
Come mai così presto?
Ero stanca morta.
E voi siete andate via con lei o siete rimaste?
Siamo andate via con lei.
Anche Luisa è rimasta soltanto fino alle undici?
No, lei è andata via più tardi.
A che ora sono andati via gli altri?
Tardissimo, verso le tre.

Me ne vado.
Perché te ne vai?
Perché se ne va anche Marco.
Allora ce ne andiamo anche noi.
Se ve ne andate anche voi, non resta nessuno.
No, Anna e Fausto non se ne vanno.

Ieri sera te ne sei andata presto, Rita?
Sì, me ne sono andata alle undici.
Come mai così presto?
Ero stanca morta.
E voi ve ne siete andate con lei o siete rimaste?
Ce ne siamo andate con lei.
Anche Luisa è rimasta soltanto fino alle undici?
No, lei se n'è andata più tardi.
A che ora se ne sono andati gli altri?
Tardissimo, verso le tre.

III.1. Riflessione grammaticale

1.

me		vado
te		vai
se	ne	va
ce		andiamo
ve		andate
se		vanno

me		sono		o
te		sei	andat	a
se	ne	è		
ce		siamo		i
ve		siete	andat	e
se		sono		

2.a.

Piero	dice è sicuro	che	scoppierà un temporale
	non sa	se	potrà accettare l'invito
	diceva era sicuro	che	sarebbe scoppiato un temporale
	non sapeva	se	avrebbe potuto accettare l'invito

b.

Hassan	dice	che	sono rari i giorni in cui non piove
			vale la pena di vedere il suo paese
	disse		erano rari i giorni in cui non pioveva
			valeva la pena di vedere il suo paese

c.

Piero	sa	che	sono sorte diverse industrie
Hassan	non sa	come	è andata a finire la cosa
Piero	sapeva	che	erano sorte diverse industrie
Hassan	non sapeva	come	era andata a finire la cosa

3.a.

Azione passata legata al presente →	*Presente* →	*Futuro*
ha detto che	dice che	fra poco scoppierà un temporale presto cambierà il tempo domani lavorerà a casa

b.

Azione passata legata al presente →	*presente*
ha detto che →	dice che vale la pena di vedere il suo paese adesso lavora a casa

c.

Azione passata legata al presente	*presente*
ha detto che negli ultimi anni sono sorte diverse industrie ieri ha lavorato a casa ieri alle sei lavorava a casa	dice che

d.

Azione passata non legata al presente
Quel giorno Anna disse aveva detto ha detto
che in quel momento lavorava a casa

che prima di quel momento aveva lavorato a casa	
	che dopo quel momento avrebbe lavorato a casa

In conclusione:

4.a.

Azione passata legata al presente		
Poco fa Anna ha detto che	domani lavorerà adesso lavora ieri ha lavorato	a casa

b.

Azione passata non legata al presente		
Quel giorno Anna disse ha detto che aveva detto	il giorno dopo avrebbe lavorato in quel momento lavorava il giorno prima aveva lavorato	a casa

5.a.

È un appartamento	bello? nuovo? caro? grande?	Sì, è	bellissimo nuovissimo carissimo grandissimo

b.

Questo vino	è	ottimo	Questi spaghetti	sono	ottimi
Questa birra		ottima	Queste tagliatelle		ottime

c.

Franco	sta	bene?	Sì,	sta	benissimo
		male?			malissimo
	va	piano?		va	pianissimo
		forte?			fortissimo

d.

Quel televisore	è	il	più	caro	di	tutti
Quella macchina		la		economica		tutte

e.

Franco	è	il	maggiore	dei fratelli
Maria		la	minore	

6.

d'	inverno estate

in	primavera autunno

III.2. Raccontate il contenuto del dialogo fra Piero e Hassan, ricordando i seguenti punti:

sole / nuvole / temporale / clima nel paese di Hassan / invito / valere la pena / impegni di Piero / nel frattempo / paesaggio / autostrade / economia / industrie / fabbriche / manodopera / salario / stipendio da fame / paese in via di sviluppo / sacrifici economici /

III.3. Rispondete alle seguenti domande:

1. Nel Suo paese il clima è sempre mite?
2. Lei sopporta meglio il caldo o il freddo?
3. Se vuole invitare un amico straniero a visitare il Suo paese, cosa gli dice per convincerlo a venirci?
4. Su che cosa si basa l'economia del Suo paese?
5. Da voi esiste il problema della manodopera?
6. Qual è il salario medio di un operaio?
7. Qual è la categoria di lavoratori che guadagna di più?
8. Nel Suo paese la gente ha rispetto per la natura?
9. È permessa la caccia?
10. Cosa pensa dei cacciatori?

III.4.a. Se conoscete una persona straniera, che cosa le domandate per sapere notizie sul suo paese?

III.4.b. Immaginate ora di trovarvi nella situazione contraria: una persona straniera vi chiede di parlare del vostro paese. Descriveteglielo in tutti i suoi aspetti.

IV Esercizio di pronuncia e intonazione

1. **C** e **Č**

Sono sicuro che fra poco scoppierà un temporale.

La temperatura non scende mai sotto i dieci gradi.

T'invito sin da ora a trascorrere qualche giorno a casa mia.

Non so se potrò accettare il tuo invito.

Mi piacerebbe sapere qualcosa di più sul tuo paese.

Ci sono delle colline magnifiche.

L'economia si basa quasi unicamente sull'agricoltura.

Sono sorte delle fabbriche con il contributo dello stato.

Gli operai specializzati ricevono un buon salario.

Questo non te lo saprei dire di preciso.

In un paese in via di sviluppo si devono fare moltissimi sacrifici economici.

Marco è tornato a casa bagnato fradicio.

Stanno bene, ma non sono ricchissimi.

I prati sono pieni di cartaccia.

Che ci vorrebbe a raccoglierla?

Chi uccide gli uccelli è un nemico della natura.

I cacciatori non sono simpatici neanche a me.

---

2. G e Ğ

Laggiù sono rari i giorni in cui fa freddo.

Com'è il paesaggio?

In genere quelle categorie di lavoratori guadagnano poco.

Un tuo collega mi disse che prendeva uno stipendio da fame.

Sergio dice che ha già pagato.

Lo sapevo che Angelo giocava a tennis.

La mamma di Giorgio è giovanissima.

Giovanna è la maggiore dei fratelli.

Hai scelto il periodo peggiore per visitare la Germania.

Margherita è pazza da legare.

I cacciatori distruggono tante specie di animali.

Guarda quanto è sporco questo lago!

---

3. *Frasi esclamative*

Non mi sorprenderebbe!

Che bello! È proprio il clima adatto per me!

Devi fare di tutto per venirci!

Certamente! Sarei molto interessato.

Quel tipo è pazzo da legare!

Con quello che costano oggi le case, devono essere ricchi sfondati!

Povero Sergio! È così legato a suo padre!

Difendiamo la natura! Guarda quanto è sporco questo fiume!

Non parlarmi dei cacciatori! ◎

V Test

1. Completate i seguenti dialoghi con la forma conveniente del verbo:

1. Luigi dice che non si sente bene. Non sarà una scusa per non lavorare?
   No, un'ora fa l'ha detto anche a me che non ...... bene.
2. Sai se Carlo ha poi mandato le foto a Rita?
   L'ultima volta che lo vidi mi disse che non gliele ......
3. Ieri sera sono arrivati puntuali Mario e Anna?
   No, avevano detto che ...... alle nove, invece sono venuti con mezz'ora di ritardo.
4. L'anno scorso Sandro ha avuto un incidente.
   Me l'aveva detto che l' ......
5. Marta non è ancora uscita?
   No, ma l'aveva detto che ...... tardi.

2. Completate i seguenti dialoghi secondo il senso:

1. È davvero bella la moglie del tuo capufficio?
   Sì, secondo me è ......
2. Mi hanno detto che i vini del Piemonte sono molto buoni.
   Sì, effettivamente sono ......
3. Il dollaro è una moneta forte.
   Sì, ma in questo momento ...... di tutte è il marco.
4. Ci sono molti gravi problemi da risolvere.
   Sì, e ...... è quello dei giovani disoccupati.
5. Si alza presto la mattina, signora?
   Sì, mi alzo ...... perché ho tante cose da fare prima di andare in ufficio.

3. Completate le seguenti frasi con le parole mancanti:

1. Questo clima non è ...... per me che non sopporto il caldo.
2. Mia madre ha cinquant'anni, ma non li ......
3. Quell'uomo non sa più dove mettere i soldi: è ......
4. Luisa è molto ...... a sua madre, perciò soffre quando è lontana da lei.
5. L'esercizio di Mario è ...... di errori: si vede che non studia abbastanza.

4. Completate le seguenti frasi con la preposizione conveniente:

1. Purtroppo non dipende ...... mia volontà.
2. ...... frattempo puoi leggere il giornale.
3. Luigi prende uno stipendio ...... fame.
4. Non mi viene ...... mente il nome dell'interprete principale di quel film.
5. L'Università di Bologna risale ...... 1158.

VI.1. Burro e olio, riso e spaghetti

L'Italia si divide in due parti: Italia del burro (nord) e Italia dell'olio (sud), ovvero[1] Italia del riso (nord) e Italia degli spaghetti (sud). Inoltre i settentrionali[2] sono chiamati *polentoni*, e i meridionali[3] *maccheroni*. Date queste premesse[4] va da sé che,[5] mentre a Milano ordinerai risotto e non spaghetti, a Napoli esigerai[6] spaghetti e non risotto; a meno che tu non preferisca[7] il riso lungo e scotto,[8] simile a colla per manifesti[9] (vale la reciproca per gli spaghetti in Alta Italia).
La regione più importante dell'Italia del burro è l'Emilia, patria dei salumi e del parmigiano. Qui il culto della mensa[10] è così elevato che tocca le vette della religione.[11] Chi immaginerebbe, ad esempio, di ricostruire il santo Presepe[12] servendosi d'una toma[13] di formaggio? Eppure, se verrai in Emilia nel periodo natalizio, vedrai anche questo. Una forma di parmigiano, spaccata in due e scavata[14] all'interno, offre l'ambiente per la Sacra Grotta; sul fondo vegliano[15] il bue e l'asinello[16] scolpiti nel burro, mentre in primo piano troneggia[17] il Santo Bambino ricavato da un pugno di strutto.[18]

1

1 Raccolta delle olive a Reggio Calabria. L'olivo è una delle colture più diffuse dell'Italia meridionale.

2 Il formaggio parmigiano è un tipico prodotto dell'Emilia. La foto mostra una sala di stagionatura, dove le forme vengono fatte invecchiare con sistemi tradizionali.

3 Una scena d'altri tempi: mondine al lavoro in una risaia della pianura padana.

2

3

Questa è la roccaforte[19] dello stracotto, del filetto di tacchino e dello zampone che, crogiolato[20] a fuoco lento per cinque ore, viene servito su un letto di lenticchie o sopra un materassino di fagioli giganti, bolliti e conditi con un sugo formato da burro, dadi di prosciutto e punte di sedano. Dal poco che si è detto si capisce perché a Bologna — la «grassa» Bologna — quando scocca[21] mezzogiorno la gente pianta a mezzo[22] gli affari, tronca[23] le discussioni, rinvia[24] tutto al pomeriggio: è mezzogiorno, il momento soave[25] in cui si alzano i coperchi in cucina, e nell'aria si spande un grato olezzo[26] di deliziosi intrugli.[27] Se le due torri degli Asinelli e della Garisenda sono pendenti[28] è perché fin dalla nascita si sono chinate,[29] ghiottone,[30] ad aspirare il profumo che emana dalle casseruole di tutta la città.

Il regno del riso si estende sopra un territorio di 67.581 chilometri quadrati di superficie, con una popolazione di 15.114.291 sudditi.[31] Si presenti[32] in compagnia di verdi piselli (Veneto) o del giallo zafferano (Milano) o sotto la candida coltre di fonduta e tartufi (Piemonte), il riso è il dominatore delle mense del Nord come nemmeno nel Celeste Impero.[33]

riduz. di Riccardo Morbelli, *Boccafina*, Casini

4

4 Primo piano di alcuni formaggi tipici del Mezzogiorno.

Note

1. ovvero: o, oppure; 2. settentrionali: abitanti del Nord; 3. meridionali: abitanti del Sud; 4. Date queste premesse: poiché la situazione è questa; 5. va da sé che...: è naturale che...; 6. ordinerai... esigerai: il futuro ha valore di imperativo ed è usato qui per dare un consiglio ai lettori; la seconda persona (tu) è una delle forme impersonali (ordinerai, uno ordinerà, si ordinerà); 7. non preferisca: il congiuntivo dipende dalla locuzione «a meno che» (vedere unità 22); 8. scotto: troppo cotto; 9. colla per manifesti: la colla è una sostanza che serve ad attaccare oggetti vari; i manifesti sono fogli di carta, più o meno grandi, che si attaccano in luoghi pubblici per richiamare l'attenzione della gente; i più comuni sono di carattere pubblicitario o politico; 10. culto della mensa: la cura della buona tavola, del mangiare bene; 11. tocca le vette della religione: diventa una religione; 12. Presepe: ricostruzione di scene della nascita di Gesù; 13. toma: forma; 14. spaccata in due e scavata: divisa in due e vuotata; 15. vegliano: vigilano, assistono; 16. il bue e l'asinello: animali caratteristici in ogni Presepe; 17. troneggia: supera in grandezza le altre figure; 18. strutto: grasso di maiale; 19. roccaforte: ambiente in cui una cosa o una persona è senza dubbio più popolare delle altre; 20. crogiolato: cotto; 21. scocca: suona; 22. pianta a mezzo: lascia a metà; 23. tronca: interrompe; 24. rinvia: rimanda; 25. soave: dolce; 26. un grato olezzo: un buon odore; 27. intrugli: cose varie mescolate insieme (il significato solitamente negativo della parola è qui reso positivo dall'aggettivo «deliziosi»); 28. pendenti: leggermente inclinate, non in posizione verticale; 29. si sono chinate: si sono piegate; 30. ghiottone: si dice di persone a cui piace mangiare cibi gustosi; 31. sudditi: in senso proprio sono gli abitanti di un regno, visti in rapporto al re; 32. Si presenti...: uno dei pochi casi in cui il congiuntivo è indipendente; l'idea si può esprimere anche così: O che si presenti in compagnia ...... o che si presenti sotto la candida coltre... il riso è comunque il dominatore...; 33. Celeste Impero: l'antica Cina.

Risotto alla milanese

Ingredienti per 4 persone:

400 g di riso, 50 g di midollo di bue, 100 g di burro, una cipolla, un bicchiere di vino rosso, sale, pepe, un litro e un quarto circa di brodo di carne, una bustina di zafferano, una manciata di parmigiano grattugiato.

Tagliate il midollo a fettine e mettetelo in una casseruola con il burro e la cipolla tritata finemente. Fate rosolare a fuoco dolcissimo, fino a che la cipolla sarà ben appassita e il midollo quasi sciolto. A questo punto unite il riso e giratelo a lungo nel condimento. Versate poi lentamente il vino rosso, continuando a mescolare, e fatelo evaporare a fiamma dolce, senza mai smettere di rimestare. Salate leggermente, e pepate invece in abbondanza. Diluite lo zafferano in un mestolo di brodo caldo e versatelo sul riso. Continuate la cottura per circa 20 minuti, aggiungendo man mano il brodo necessario, sempre ben caldo. A cottura ultimata trasferite il risotto sul piatto e cospargetelo con il parmigiano.

Spaghetti alla napoletana

Ingredienti per 4 persone:

400 gr. di spaghetti, quattro litri d'acqua, 500 gr. di pomodori ben maturi, mezzo bicchiere d'olio, sale, pepe, basilico o prezzemolo.

Pelate i pomodori dopo averli tenuti qualche minuto in acqua calda. Passateli attraverso un setaccio e raccoglietene la polpa in una terrina; conditeli con sale e pepe ed immergetevi qualche foglia di basilico fresco o di prezzemolo, finché il passato è ancora caldo, in modo che ne assorba l'aroma. Cuocete la pasta in abbondante acqua bollente salata. Raggiunta la cottura al dente, scolate gli spaghetti e divideteli in porzioni nei piatti. Conditeli prima con una cucchiaiata d'olio e poi aggiungete il passato di pomodoro, dopo aver tolto le foglioline di basilico o di prezzemolo. Lasciate che ogni commensale mescoli da sè il proprio piatto di spaghetti, aggiungendovi, se vuole, del parmigiano, che però in questa ricetta non è di rigore.

VI.2. Test

	Vero	Falso
1. Gli italiani del Nord sono chiamati polentoni.	☐	☐
2. A Napoli conviene mangiare il risotto.	☐	☐
3. L'Emilia è la patria dei salumi e del parmigiano.	☐	☐
4. L'Italia del burro è quella meridionale.	☐	☐
5. Quando suona mezzogiorno la gente di Bologna smette di lavorare e corre a casa per il pranzo.	☐	☐

Unità 22

Genitori e figli

I.1.

Sig. Masi Sono sempre di più i giovani che abbandonano la famiglia per andare a vivere da soli. È una vergogna! Non meritano tutti i sacrifici che fanno per loro i genitori.

Sig. Dini Ho l'impressione che Lei *giudichi* troppo severamente i giovani d'oggi.

Sig. Masi E Lei li approva?

Sig. Dini Può darsi che io *abbia* torto, ma credo che *sia* giusto che i giovani *facciano* le loro esperienze.

Sig. Masi Io invece penso che *sia* assurdo. Che diritto hanno di lamentarsi? I genitori sono fin troppo deboli e gli concedono molto di più di quanto *non abbiano concesso* a noi i nostri.

Sig. Dini Mi pare che Lei *confonda* i problemi. Non vedo come il desiderio di libertà dei figli *possa* significare una mancanza di rispetto per i genitori.

Sig. Masi Non so se Le *sia accaduto* di vedere come si comportano certi figli. È roba da matti! Pretendono che i genitori li *mantengano*, ma non vogliono che *mettano* il naso nei loro affari. Le sembra giusto?

Sig. Dini Credo che Lei *esageri*.

Sig. Masi Basta guardarsi intorno. Ogni giorno diventa peggio.

Sig. Dini Del resto se un ragazzo è maturo e capace di vivere da solo, non capisco perché i genitori *debbano* impedirgli di fare le scelte che vuole.

Sig. Masi Non sono assolutamente d'accordo con Lei.

Sig. Dini Non crede che *siano* proprio i genitori troppo autoritari a spingere i figli ad andarsene di casa?

Sig. Masi No, anzi, sono convinto che *siano* proprio quelli troppo permissivi a rovinare i figli.

I.2. Leggete i seguenti dialoghi:

Sono sicuro che Lei ha torto.

Può darsi che io *abbia* torto, ma è certo che neppure Lei ha ragione.

		avere	
	io	abbia	
	tu	abbia	
	Lei	abbia	
Può darsi che	noi	abbiamo	torto
Es kann sein	voi	abbiate	
	loro	abbiano	

Sig. Dini Forse è bene che *si abitui* sin d'ora all'idea che un giorno o l'altro anche i suoi andranno via di casa.

Sig. Masi Mi auguro che ciò *accada* il più tardi possibile.

Sig. Dini Io, al contrario, preferisco che i miei *imparino* quanto prima ad essere indipendenti.

Sig. Masi Dice così perché non ha una femmina!

Sig. Dini Qui La volevo! In sostanza il Suo atteggiamento verso la donna rientra nella regola, cioè è comune alla maggior parte degli uomini.

Sig. Masi In che senso?

Sig. Dini Nel senso che essi credono che *esistano* modelli di comportamento diversi per gli uomini e per le donne.

Sig. Masi Lei non è di questo avviso?

Sig. Dini No. Sebbene *capisca* che per un uomo non è facile accettare l'idea della parità dei sessi, sono convinto che *non si possa* continuare a parlare di sesso debole.

Sig. Masi Per carità, non tocchiamo questo argomento!

Sig. Dini Credo anch'io che *sia* meglio. Ci porterebbe troppo lontano!

Perché non ti fermi ancora?

Bisogna che sia a casa alle otto.

Sono appena le sette, c'è tempo.

Sì, ma *temo che ci sia* molto traffico.

	essere		
Bisogna che	io	sia	a casa alle otto
	tu	sia	
	lui	sia	
	noi	siamo	
	voi	siate	
	loro	siano	

Né Marco né io ci sentiamo bene. Forse abbiamo preso l'influenza.

Allora *è meglio che restiate* a casa.

	restare		
	io	resti	
	tu	resti	
	lei	resti	
È meglio che	noi	restiamo	a casa
	voi	restiate	
	loro	restino	

Con i soldi che prendo non riesco a sbarcare il lunario.

A chi lo dici! Mancano ancora dieci giorni al ventisette e ho quasi finito i soldi.

Non è giusto che prendiamo uno stipendio da fame! Hungerlohn

Che hai?

Casco dal sonno.

Hai fatto le ore piccole ieri sera?

No, ma sono giorni e giorni che dormo poco.

Non puoi continuare così!

Sì, *è indispensabile che dorma* almeno otto ore per notte, altrimenti non ce la faccio a stare in piedi.

	prendere		
	io	prenda	
Non è	tu	prenda	uno
giusto che	lui	prenda	stipendio
	noi	prendiamo	da fame!
	voi	prendiate	
	loro	prendano	

	dormire		
	io	dorma	
	tu	dorma	
È indispen-	Lei	dorma	almeno
sabile che	noi	dormiamo	otto ore
	voi	dormiate	
	loro	dormano	

I.3. Completate i dialoghi secondo il modello:

a) Sono sicuro che Aldo sbaglia.
Può darsi che sbagli davvero.

1. Sono sicuro che Aldo sbaglia.
....

2. Sono sicuro che Sergio approva.
Può darsi che approvi

3. Sono sicuro che Paola accetta.
Può darsi che Paola accetti

4. Sono sicuro che Anna ritorna.
Può darsi che Anna ritorni

5. Sono sicuro che Ugo risparmia.
che Ugo risparmi

b) Io dico che dovresti ripetere la cura.
Sì, bisogna proprio che la ripeta.

1. Io dico che dovresti ripetere la cura.
   ....
2. Io dico che dovresti prendere la patente.
   Si, bisogna proprio che la prenda.
3. Io dico che dovresti risolvere la cosa.
   Si, bisogna che la risolva.
4. Io dico che dovresti mettere la cravatta.
   Bisogna che la metta.
5. Io dico che dovresti chiedere la riduzione.
   Bisogna che la chieda.

c) Devo aprire la finestra?
Sì, è meglio che l'apra.

1. Devo aprire la finestra?
   ....
2. Devo seguire la partita?
   Si, è meglio che la segua.
3. Devo sentire la radio?
   Si, è meglio che la senta.
4. Devo coprire la tavola?
   Si, è meglio che la copra.
5. Devo avvertire la segretaria? (benachrichtigen)
   Si è meglio che la avverta.

I.4. Rispondete alle seguenti domande:

1. Che cosa dice il signor Masi dei giovani che vanno a vivere da soli?
2. Che impressione ha il signor Dini?
3. Che cosa crede giusto?
4. Che cosa pretendono i giovani d'oggi secondo il signor Masi?
5. Cosa pensa il signor Dini dei genitori troppo autoritari?
6. Il signor Masi è d'accordo con lui?
7. Il signor Dini vuole o no che i suoi figli se ne vadano di casa?
8. Che cosa crede la maggior parte degli uomini secondo il signor Dini?

I.5. Leggete i seguenti dialoghi:

Hai visto com'è ridotta la macchina di Lucio dopo l'incidente?

Pazienza! L'importante è che lui *sia* sano e salvo.

Appena mi alzo bevo un caffè espresso.

Non credo che il caffè *faccia* bene a stomaco vuoto.

Sarà, ma non posso farne a meno.

Sono nei guai! Fra un mese devo lasciare l'appartamento al padrone di casa e non ne ho ancora trovato un altro.

Penso che *debba* rivolgersi ad un'agenzia.

Non crede proprio che *possa* trovarlo da solo?

Ne dubito. A meno che non *conosca* qualcuno che ha un appartamento libero.

Il 14 settembre Anna compie diciott'anni.

È una data importante!

Sì, perciò dovremmo farle un bel regalo.

Io le ho comprato una camicetta. Spero che le *piaccia*.

Se me la fai vedere, ti dico subito se le piacerà.

Penso che Marco *non sappia* che Giulia ha avuto un bambino. Vuoi che gli *dia* io la notizia?

No, lo sa già: l'ha saputo da Remo.

Peso troppo per la mia statura: devo stare a dieta.

Allora bisogna che *non beva* neppure il vino o i liquori.

Vuoi che *stia* senza mangiare e senza bere?

Non ho detto questo!

Si è fatto tardi; bisogna che *vada*.

Vuoi che *venga* con te?

No, grazie, non c'è bisogno che *ti muova*.

Ho deciso: rimango ancora un mese in Italia.

Sono felice che Lei *rimanga* qui, così potremo approfondire la nostra conoscenza.

Qui si scoppia dal caldo!

Sì, in effetti fa molto caldo.

Forse è meglio che *mi tolga* il cappotto.

Sì, credo anch'io che *sia* meglio.

Prima che tu *esca* dovrei dirti due parole.

Basta che *sia* breve, perché ho i minuti contati.

Allora non credo che *valga* la pena di cominciare il discorso.

Come vuoi!

Pare che *voglia* piovere anche oggi.

Sì. Forse è meglio che tu *scelga* un altro giorno per andare in campagna.

A meno che fra poco *non torni* il sole.

Dubito che il tempo *cambi* così in fretta.

Scusi, saprebbe dirmi qual è il prefisso di Pisa?

Mi pare che *sia* 050, ma non ne sono sicuro.

A chi potrei chiederlo?

Basta che *guardi* nella guida dei prefissi che si trova in ogni elenco telefonico.

Grazie dell'informazione!

Scusi, posso entrare?

Sì, a patto che prima *spenga* la sigaretta.

Perché, è vietato fumare qui?

Non vede il cartello?

Ah, non l'avevo visto! Ma dove la spengo?

C'è un portacenere vicino alla finestra.

I.6. Completate i seguenti dialoghi con la forma conveniente del verbo:

ich hab d. Prüfung gemacht

Ho dato l'esame, ma non mi è andato bene.
Peccato! Spero che tu abbia più fortuna la prossima volta. (avere)

1. Se vuole, Le posso parlare nella Sua lingua.
   No, preferisco che Lei mi parli sempre in italiano. (parlare)

2. Stasera Marco ha un invito a cena dai Severi.
   Mi auguro che non beva troppo, com'è sua abitudine. (bere)

3. Consiglierà a Suo figlio di diventare medico come Lei?
   No, voglio che scelga da solo la facoltà che preferisce. (scegliere)

4. Il mio bambino è sano, ma mangia e dorme poco.
   L'importante è che stia bene. (stare)

5. Ti dispiace se dico a Franco di accompagnarmi da te?
   No, anzi, sono felice che venga anche lui. (venire)

I.7. Completate i dialoghi secondo il modello:

a) Sono certo che Giulio sa dov'è Antonio.
Credo anch'io che lo sappia

1. Sono certo che Giulio sa dov'è Antonio.
   ....

2. Sono certo che Anna fa il corso d'inglese.
   Credo anch'io che lo faccia

3. Sono certo che Paolo dà l'esame di chimica.
   ...... che lo dia.

4. Sono certo che Rita vuole il tuo consiglio.
   ...... che lo voglia

5. Sono certo che Ugo conosce il nostro caso.
   ...... che Ugo lo conosca.

b) *Credo che* tu *parli* troppo.
Non credo di parlare più di te.

1. Credo che tu parli troppo.

....

2. Credo che tu lavori troppo.

....

3. Credo che tu mangi troppo.

....

4. Credo che tu pesi troppo.

....

5. Credo che tu fumi troppo.

....

c) *Mi pare che* Lei *corra* molto.
A me non pare di correre molto.

1. Mi pare che Lei corra molto.

....

2. Mi pare che Lei dorma molto.

....

3. Mi pare che Lei chieda molto.

....

4. Mi pare che Lei esca molto.

....

5. Mi pare che Lei perda molto.

....

I.8. Leggete i seguenti dialoghi:

Carla ha dato l'esame di latino?

Sì, e ha preso anche un bel voto.

Penso che *abbia avuto* una grande fortuna; non credi?

Certo! Sappiamo bene che il latino non è il suo forte.

		avere		
	io	abbia		
	tu	abbia		
lui pensa che	lei	abbia	avuto	una grande fortuna
	noi	abbiamo		
	voi	abbiate		
	loro	abbiano		

Stamattina Giorgio non è andato all'università?

No, credo che *sia stato* dal barbiere.

Non dirmi che si è tagliato la barba!

Non ci crederai, ma è così.

È un avvenimento!

		essere		
lei crede che	io	sia	stato	dal barbiere
	tu	sia		
	lui	sia		
	noi	siamo	stati	
	voi	siate		
	loro	siano		

Come mai ieri sera il dottor Rossi non è venuto con sua moglie?

Non so. Suppongo che lei *sia restata* a casa perché non sapeva a chi lasciare i bambini.

		restare		
lui suppone che	io	sia	restata	a casa
	tu	sia		
	lei	sia		
	noi	siamo	restate	
	voi	siate		
	loro	siano		

Ugo ha un po' di febbre da ieri.

Pensi che *abbia preso* l'influenza?

Sì, sono certa che l'ha presa da Mario.

		prendere		
lei pensa che	io	abbia	preso	l'influenza
	tu	abbia		
	lui	abbia		
	noi	abbiamo		
	voi	abbiate		
	loro	abbiano		

Come mai Gianni è così nervoso oggi?

Credo che *abbia dormito* poco e male.

Come fai a saperlo?

Non lo so, l'immagino.

		dormire		
lei crede che	io	abbia	dormito	poco e male
	tu	abbia		
	lui	abbia		
	noi	abbiamo		
	voi	abbiate		
	loro	abbiano		

I.9. Ed ora completate i seguenti dialoghi secondo il modello:

Credo che Marco *debba* ancora chiamare il medico.
No, mi sembra che l'abbia già chiamato.

1. Credo che Marco *debba* ancora chiamare il medico.
   ....
2. Credo che Giulio *debba* ancora fare il biglietto.
   No, mi sembra che l'abbia già fatto.
3. Credo che Sandro *debba* ancora prendere l'appuntamento.
   che l'abbia già preso.
4. Credo che Ugo *debba* ancora finire il discorso.
   che l'abbia già finito
5. Credo che Franco *debba* ancora trovare l'albergo.
   che l'abbia già trovata

I.10. Completate i seguenti dialoghi con la forma conveniente del verbo:

Sai che Maria ha cambiato ancora lavoro?
Spero che finalmente abbia trovato quello giusto. (trovare)

1. Sai che Anna ha ricominciato a studiare?
   Sono felice che abbia preso questa decisione. (prendere)

2. Sai che Franco ha cambiato facoltà?
   Ho paura che abbia fatto un grosso errore. (fare)

3. Sai che Gianni è partito in macchina?
   Mi auguro che sia arrivato sano e salvo. (arrivare)

4. Sai che Marta è venuta a trovarci?
   Mi dispiace che sia venuta quando non c'ero. (venire)

5. Sai che Ugo è stato a Parigi due settimane?
   Immagino che sia ritornato senza una lira. (tornare)

I.11. Conversazioni

Com'è il film che danno all'Odeon?
Discreto, sebbene in alcuni punti *sia* un po' lento.
Mi consigli di andarci?
Sì, a patto che *non ti spaventi* a vedere certe scene.
È una storia violenta? Dal titolo non si direbbe.
Sì, è un film drammatico. Parla di uno che uccide una donna e...
Senza che tu *aggiunga* altro, ho già capito che non è il film che fa per me.
Aspetta almeno che ti *dica* come va a finire!
No, non m'interessa.

Hai visto l'ultimo film di Fellini?
No, ma vorrei andarci. Dicono che *sia* l'avvenimento cinematografico del 1980.
So che il protagonista è un attore famoso, ma non ricordo chi *sia*.
Dovrebbe essere Marcello Mastroianni.
Sì, è proprio lui! E l'interprete femminile sai chi è?
Non saprei. Dicono che Fellini *abbia impiegato* 2663 donne.
Forse è per questo che il titolo è «La città delle donne».
Mi sembra ovvio!

È una noia stare tutto il giorno in casa!
Che ne diresti di andare al cinema?
Non sarebbe una cattiva idea, ma temo che di domenica *ci sia* troppa folla.
Se andiamo all'ultimo spettacolo forse non c'è tanta gente.
Potremmo fare così. Che film vuoi vedere?
Non so, scegli tu!

Per me è lo stesso. Basta che *non sia* vietato ai minori di diciott'anni.
Tu li hai già compiuti, quindi non c'è problema...
È inutile che tu *faccia* dell'ironia. Sai bene che non mi piace vedere scene di nudo o di violenza.

Hai visto «Un uomo da marciapiede»?
No, purtroppo l'ho perduto.
Peccato! È un film da vedere.
Infatti aspetto che *torni* in seconda visione.

Che hai visto di bello a teatro?
«La lezione» di Ionesco.
Non mi pare che *sia* la migliore delle sue commedie.
Forse no, comunque è molto divertente.
Gli attori sono bravi?
Sì, tutti, e anche la regia è ottima.

Era tanto tempo che non sentivo un concerto così bello!
È stato davvero magnifico!
Certo che Haendel è grande! Penso che *regga* validamente il confronto con Bach.
Sono d'accordo con te.
Anche Telemann è un autore di grande talento.
Indubbiamente, anche se di solito non è apprezzato nella giusta misura.
Perché uno *possa* apprezzare la bellezza della sua musica ci vuole un'orchestra di altissimo livello.
E soprattutto un bravo direttore.

ideati anche per facilitare la frequenza dei corsi da parte dei

Teatri

SCALA (piazza della Scala): Oggi riposo - Domani: **«Cavalleria rusticana»** di P. Mascagni e **«Pagliacci»** di R. Leoncavallo. Direttore G. Prêtre. Ore 20.30 (fuori abbonam.).

CONSERVATORIO (via Conservatorio 12): **«Concerto»** diretto da Gabriele Ferro. Orchestra della RAI. Mezzosoprano Windy Fine, baritono Heinz Jürgen Demitz. Musiche di Zemlinski e Strawinski. Ore 20.30.

TEATRO NUOVO S. BABILA
Telefono: 700.086 - 700.087
oggi e domani ore 21.30
IL GRANDE PROCESSO LA SUA STORIA E LA SUA FINE...
Poema drammatico di TITO RASINI
SI REPLICA SINO A DOMENICA 15-2

PICCOLO TEATRO (via Rovello, 2) **«Temporale»** di A. Strindberg. Regia G. Strehler. Ore 20.30.

SALONE PIER LOMBARDO (via Pier Lombardo, 14): (Gruppo Teatro Libero RV): **«La notte e il momento»** di Crébillon fils. Reg. P.L. Pizzi, con M. De Rossi, L. Sa

soprattutto dai giovani. La frequenza ai corsi è libera; il programma

Cinema

ADRIA - Centro - p.zza Erculea, 15 (15.15, 18.30, 21.30 - L. 3.500): **«Stalker»** (drammatico) - A. Kajdanskij, S.N. Grinko. Reg. A. Tarkovskij.

AMBASCIATORI - Centro - corso Vittorio Emanuele 30 (15.10, 17.30, 20, 22.30) - L. 4000): **«Shining»** (orrore) - J. Nicholson, S. Duvall. Reg. S. Kubrick. **V.M. 14.**

APOLLO - Centro - gall. De Cristoforis 2 (14.45, 16.50, 18.40, 20.30, 22.30 - L. 4000): **«Alla 39ª eclisse»** (orrore) - C. Heston, S. York. Reg. M. Newell **V.M. 14.**

ARISTON - Centro - gall. del Corso (15.15, 17.05, 18.55, 20.45, 22.30 - L. 4000): **«L'aereo più pazzo del mondo»** (comico) - J. Hagerty, R. Hays. Reg. J. Zucker.

ANTEO Musicineteatro - Volta/Garibaldi - via Milazzo 9 - (20.15 e 22.30 - L. 3000): **«Radio on»** (musicale) - D. Beanes, L. Kreuzer. Reg. C. Petit.

ORCHIDEA - Sempione-Magenta - via Terraggio 3 (Apertura ore 16 - L. 2000): Festival di Hitchcock: **«Il Ladro»** di A. Hitchcock, con H. Fonda, V. Miles.

ARGENTINA - Venezia - p. Argentina 4 (L. 2000): Mostra pe

preoccupati di
mi relativi alla s
tà della nostra
scegliere le sedi.
estrema periferia p
tutti la frequenza».

TEATRO CRISTALL
Questa sera -
Franca RAME
in Clacson trombet
Ingresso L. 3.000
ULTIME DUE

TEATRO MANZONI -
ULTIMI 3 GIOR
PAOLO S
in «IL MERCANTE
di William Shakespeare - Re
Scene di Antonell

TEATRO MANZONI
da mercoledì 18
LUCIO ARDENZI per la
ANNA PR
in «LA MILIARDAR
regia di GIORGIO AL
si prenota da do

II.1. Ognuno ha il suo carattere

Anna Nessuno direbbe che Marco e Carla *siano* fratelli. Non si somigliano affatto. 1

Bruno Mi pare che Marco *abbia preso* dalla madre non solo nell'aspetto ma anche nel carattere.

Anna Non mi sembra, però, che *abbia* tutte le qualità di lei. 2

Bruno Come no! È intelligente, colto, sensibile... 3

Anna Ma non ha senso pratico e in fondo è un debole.

Bruno Ho la sensazione che tu *non* lo *conosca* abbastanza. 4

Anna Devi ammettere che, in confronto a lui, Carla ha un carattere più forte. 5

Bruno In un certo senso è vero. Lei è tutta suo padre: ferma e decisa. 6

Anna Ciò non toglie che *sappia* essere molto dolce e femminile. 7

Bruno Non lo metto in dubbio. Peccato che *sia* già fidanzata, altrimenti le farei la corte. 8

Anna Sarebbe inutile. Lei odia i tipi come te.

Bruno Non so che gusto ci *provi* a fare dello spirito! ◉ 9

II.2. Rispondete alle seguenti domande:

1. Perché non si direbbe che Marco e Carla siano fratelli?
2. A Bruno pare che Marco abbia preso dalla madre. In che cosa?
3. Secondo Bruno, che qualità ha Marco?
4. Che cosa gli manca, secondo Anna?
5. Come sa essere Carla, nonostante che abbia un carattere forte?
6. Saprebbe spiegare il senso dell'espressione «fare la corte»?

III.1. Riflessione grammaticale

1. Frasi indipendenti

Marco viene. Forse Marco viene. Probabilmente Marco viene. Secondo me Marco viene.	(= indicativo)

2. Frasi principali e frasi dipendenti

Sono sicuro fr. princ.	che	Marco viene. fr. dipend.	(= indicativo)
Non sono sicuro fr. princ.	che	Marco venga. fr. dipend.	(= congiuntivo)

Come possiamo vedere, il congiuntivo si usa nelle frasi dipendenti, ma non in tutte. Esso si usa nella frase dipendente nei seguenti casi:

a) se il verbo della frase principale esprime *volontà* o *necessità*:

Wunsch

Notwendigkeit

Voglio Desidero Preferisco Permetto Bisogna È necessario	che	Marco	venga

b) se il verbo della frase principale esprime *opinione personale o dubbio*:

eigene Meinung

Zweifel

nicht Wissen

Credo Penso Immagino Mi sembra Può darsi È probabile È impossibile Dubito Dicono Si dice È giusto È meglio	che	Marco	venga sia venuto
Non so Mi chiedo	se	Marco	abbia ragione

c) se il verbo della frase principale esprime *stato d'animo:*

Gefühl
Gemütslage
Hoffnung
Wunsch

Sono contento Sono felice Mi dispiace Spero Mi auguro Ho paura Temo	che	Marco	venga sia venuto

d) se il verbo della frase principale è usato nella *forma negativa:*

So che Marco viene.	Non so se Marco *venga*.
È vero che Anna parla l'inglese.	Non è vero che Anna *parli* l'inglese.
Sono sicuro che il museo è aperto.	Non sono sicuro che il museo *sia* aperto.

N.B. Nella lingua d'uso non formale, alcuni dei verbi indicati sono seguiti di solito dall'indicativo invece che dal congiuntivo:

Credo che Marco viene con noi.

Spero che Marco verrà.

Non so se Marco viene.

Attenzione!

3. Se la persona che compie l'azione della frase principale e quella della frase dipendente è la stessa, non si usa il congiuntivo, ma "di + infinito":

Penso Spero	che	Marco venga

Marco	pensa spera	di venire

gleiches Subjekt!

Spero Aspetto	che	tu Lei voi loro	venga venga veniate vengano

Speri Spera Sperate Sperano	di venire?

Può darsi È meglio	che	io	venga

Penso Spero	di venire

4. Il congiuntivo è necessario dopo espressioni come:

Il film è discreto,	sebbene benché nonostante che	in alcuni punti *sia* un po' lento.
Ti consiglio di andarci,	a patto che a condizione che basta che	*non ti spaventi* a vedere certe scene.
	Senza che	tu *aggiunga* altro, ho già capito...
	Prima che	tu *esca*, dovrei dirti due parole
Non troverà un appartamento,	a meno che	non *conosca* qualcuno che ne ha uno libero.
	Perché Affinché	uno *possa* apprezzare la bellezza della sua musica, ci vuole un'orchestra di altissimo livello.

5. Per concludere, vediamo come si mette in relazione il congiuntivo della frase dipendente con il verbo della frase principale:

Penso Spero Può darsi Dubito	che	Marco	domani adesso ieri	*sia* *sia* *sia stato*	a casa

III.2. Per esprimere la propria opinione non è sempre necessario usare il congiuntivo. Come si può vedere qui di seguito, esistono diversi altri modi per dare un giudizio su un fatto.
Se, per esempio, vogliamo rispondere ad una persona che afferma «Il dottor Bianchi è un bravo medico, vero?», abbiamo varie possibilità:

	Frasi indipendenti	**Frasi dipendenti**	
		Indicativo	*Congiuntivo*
a) **Consenso**	Sì, è bravo. Non lo metto in dubbio. Sono anch'io di questo avviso.	Sono d'accordo anch'io che è bravo.	Penso anch'io che sia bravo.
b) **Dissenso**	No, non è bravo. Non sono affatto d'accordo. Non ne sono convinto. Secondo me non è bravo. Non direi.	No, sono sicuro che non è bravo. Io so che non è bravo.	No, credo che non sia bravo. A me non pare che sia bravo. Non sono convinto che sia bravo. Mi chiedo come possa dirlo!
c) **Ipotesi o dubbio**	Forse è bravo davvero. Deve essere bravo, altrimenti non avrebbe tanti pazienti. Sarà bravo davvero se ha tanti pazienti. Dovrebbe essere bravo, visto che ha tanti pazienti.	Non so. Chi dice che è bravo, chi dice che non è bravo.	Non sono sicuro che sia bravo. Non so se sia bravo davvero. Dicono che sia bravo, ma non lo conosco.
d) **Riserva**	Ho qualche riserva sulla sua bravura. Sarà anche bravo, ma qualche volta sbaglia pure lui. sich irren	Sono d'accordo che è bravo, ma ci sono medici più bravi di lui.	Non dico che non sia bravo, ma qualche volta sbaglia anche lui. Non escludo che sia bravo, ma ci sono medici più bravi di lui.
e) **Rammarico** Bedauern, Klage	Sì, è bravo. Solo che è tanto occupato!	È bravo, ma dice che non può visitare fuori dell'ospedale.	Sì, è bravo. Peccato però che non venga a casa. Sebbene sia bravo, non ha molti pazienti.

III.3. Ed ora esprimete il vostro giudizio (consenso, dissenso, dubbio, ecc.) sulle seguenti opinioni:

1. L'Italia è un bel paese. Lei che ne dice?

   ....

2. I giovani d'oggi non hanno alcun rispetto per i genitori. Non è così?

   ....

3. Per passare le vacanze è meglio la montagna che il mare. Lei non crede?

   ....

4. Per essere felici basta avere la salute. Lei che ne pensa?

   ....

5. Viaggiare in aereo è comodo, no?

III.4. Raccontate il contenuto del dialogo fra il signor Masi e il signor Dini, ricordando i seguenti punti:

giovani / abbandonare la famiglia / non meritare sacrifici / giudicare severamente / approvare / fare esperienze / assurdo / lamentarsi / confondere i problemi / mantenere / mettere il naso nei loro affari / esagerare / ragazzo maturo / impedire / genitori troppo autoritari / permissivi / abituarsi all'idea / atteggiamento verso la donna / modelli di comportamento / parità dei sessi / sesso debole /

III.5. Rispondete alle seguenti domande:

1. Nel Suo paese sono molti i giovani che vanno a vivere da soli?
2. Lei approva i giovani che fanno questa scelta? Perché?
3. I Suoi genitori sono (o sono stati) autoritari o permissivi?
4. A quale età pensa che i giovani d'oggi siano maturi e capaci di vivere da soli?
5. Nel Suo paese esistono modelli di comportamento diversi per gli uomini o per le donne?
6. Se tali modelli sono diversi, quali sono le cose permesse agli uomini ma non alle donne?
7. Lei accetta l'idea della parità dei sessi?
8. In generale Lei è d'accordo con ciò che dice il signor Masi o con ciò che dice il signor Dini?
9. Saprebbe spiegarne le ragioni?
10. Da che cosa dipende, secondo Lei, il diverso atteggiamento del signor Masi e del signor Dini verso i figli?

III.6.a. Se siete genitori, avrete senz'altro qualche problema con i figli. Provate a descrivere il vostro rapporto con loro.

III.6.b. Se non siete genitori, descrivete il rapporto con vostro padre e vostra madre.

IV Esercizio di pronuncia e intonazione

1. *Le doppie consonanti* (bb, cc, ff, gg, ll, mm, nn, pp, ss, tt)

Ho l'impressione che Lei abbia torto.

Non sono assolutamente d'accordo con Lei.

Il Suo atteggiamento verso la donna è comune alla maggior parte degli uomini.

Non è facile accettare l'idea della parità dei sessi.

Dice così perché non ha una femmina.

Ho fatto le ore piccole ed ora casco dal sonno.

Temo che ci sia troppo traffico.

Saprebbe dirmi qual è il prefisso di Lucca?

2. «b» / «p»

Ho l'impressione che Lei non approvi i giovani d'oggi.

Quest'argomento ci porterebbe troppo lontano.

Penso che lei non sappia che Barbara ha avuto un bambino.

Dubito che il tempo cambi presto.

Parla pure! Basta che sia breve.

3. «d» / «t»

Mi pare che Lei confonda i problemi.

È indispensabile che dorma almeno otto ore per notte.

Dopo l'incidente la macchina è ridotta malissimo.

Devo stare a dieta perché peso troppo.

Lei odia i tipi come te.

4. *Frasi esclamative*

È una vergogna!

È roba da matti!

Per carità, non tocchiamo questo argomento!

Sono nei guai!

Grazie dell'informazione!

Mi sembra ovvio!

V Test

1. Completate le frasi con la forma conveniente del verbo indicato a parte:

1. Voglio che tu ...... come dico io! (fare)
2. Bisogna che qualcuno ...... a cercare Gianni. (andare)
3. Immagino che a quest'ora Laura ...... a casa. (tornare)
4. Mi dispiace che Lei ...... disturbarsi per me. (dovere)
5. Se Aldo non va d'accordo con i genitori, è meglio che ..... da solo. (vivere)

2. Come sopra:

1. Rita ha paura di dare l'esame, sebbene ...... ben preparata. (essere)
2. Vi posso aspettare, a condizione che ...... entro una mezz'ora. (finire)
3. So che cosa devo fare, senza che me lo ...... tu. (dire)
4. Usciamo subito, prima che ...... a piovere! (cominciare)
5. È difficile trovare un parcheggio, a meno che uno non ...... una macchina piccola. (avere)

3. Completate le seguenti frasi secondo il senso:

1. Secondo me i Rossi .... molto ricchi.
2. So che i Rossi .... molto ricchi.
3. Credo che i Rossi .... molto ricchi.
4. I loro amici dicono che i Rossi .... molto ricchi.
5. Dicono che i Rossi .... molto ricchi.
6. Non sono convinto che i Rossi .... molto ricchi.
7. I Rossi .... ricchi davvero, se spendono tanto.
8. I Rossi .... molto ricchi, visto che spendono tanto.
9. Sebbene .... ricchi, i Rossi non amano spendere molto.
10. Anche se .... ricchi, i Rossi non amano spendere molto.

4. Mettete le parole indicate a parte nel posto che di solito occupano nella frase:

1. Anna non ha finito di pranzare. (ancora)
2. Laura ha viaggiato molto. È stata in Asia. (anche)
3. Marco è tornato dall'ufficio, perciò è stanco. (appena)
4. Sergio va in montagna, perché il mare lo rende nervoso. (sempre)
5. Non avevo visto un panorama così bello! (mai)

5. Ed ora il test n. 11 che si trova in fondo al libro.

VI.1. Lavoro e famiglia

Quando fu il giorno in cui dovetti pronunciarmi sul mestiere,[1] a mio padre che me lo chiedeva, risposi:
«Voglio fare il venditore di semi!».
Mio padre disse che il venditore di semi non era un mestiere: mestiere era fare il falegname,[2] il meccanico o il fornaio.[3]
Siccome[4] io insistevo, mio padre aggiunse:
«Il venditore di semi è un mestiere da vagabondo[5]!».
Avrei voluto rispondergli che non sapevo arrendermi all'idea[6] di trascorrere la giornata al chiuso di un laboratorio[7] o di un'officina.[8] Temevo le grosse mani di operaio di mio padre. Mi colpivano tra collo e cervelletto.[9] Egli già si stava arrabbiando; rimproverava mia madre di[10] avermi dato una cattiva educazione. Egli era un uomo che aveva delle grosse mani di operaio, leggeva il suo giornale, la sua bluse[11] era unta[12] di grasso; passava le sue giornate al chiuso di un'officina; i suoi capelli erano castani,[13] fuligginosi.[14] La domenica spariva come andasse[15] di nuovo a lavorare, provvisorio nel suo vestito grigio.[16] Io gli volevo bene, non soltanto lo temevo: mi piaceva la sua forza, il suo cipiglio.[17]
Ero un ragazzo di dodici anni e avrei voluto dirgli:
«Sai, babbo, c'è il sole quando stai in officina. L'acqua del fiume è

verde, i lupini[18] d'oro, e i semi fanno faville.[19] Io non posso fare a meno di tutto questo, della mia libertà».
Fu mio padre, invece, a dirmi:
«Devi imparare un mestiere. Lavorare sul serio, distrae. S'impara più che un mestiere, qualcosa d'altro, di forte. Un venditore di semi, quando sarai grande, parrà[20] anche a te un vagabondo, un uomo che non ha avuto il coraggio del suo vero nome».
Ecco, babbo, io sono grande, e non ancora i poeti hanno un nome.

Vasco Pratolini, *Mestiere da vagabondo*, Bompiani

Note

1. dovetti pronunciarmi sul mestiere: dovetti dire che mestiere avrei voluto fare da grande; 2. falegname: artigiano che lavora il legno per fare mobili e altri oggetti; 3. fornaio: operaio che fa il pane o proprietario di un negozio dove si vende il pane; 4. siccome: poiché; 5. vagabondo: persona che non ha né una residenza né un lavoro fisso; 6. non sapevo arrendermi all'idea...: non potevo accettare l'idea...; 7. laboratorio: locale dove si eseguono lavori di vario genere; 8. officina: locale dove si eseguono lavori di meccanica; 9. tra collo e cervelletto: sulla nuca (parte inferiore della testa); 10. rimproverava mia madre di...: diceva a mia madre che aveva la colpa di...; 11. bluse: camiciotto da lavoro (dal francese *blouse*); 12. unta: sporca di grasso; 13. castani: di colore fra il biondo e il bruno; 14. fuligginosi: pieni di polvere nera; 15. come andasse: per l'uso del congiuntivo, vedere unità 24; 16. provvisorio nel suo vestito grigio: il vestito era quello della festa e perciò gli dava un aspetto diverso dal solito, cioè da quello abituale che aveva con il camiciotto da lavoro; 17. cipiglio: atteggiamento del volto che mostra severità; 18. lupini: tipo di semi simili a legumi; 19. fanno faville: hanno un aspetto invitante; 20. parrà: sembrerà

VI. 2. Test

	Vero	Falso
1. Da piccolo lo scrittore non voleva bene al padre.	☐	☐
2. Da adulto avrebbe voluto fare il venditore di semi.	☐	☐
3. Aveva paura delle mani del padre perché qualche volta lo colpivano alla nuca.	☐	☐
4. Per andare a lavorare il padre metteva il vestito grigio.	☐	☐
5. Il padre era d'accordo che il ragazzo da grande facesse il venditore di semi.	☐	☐
6. Il ragazzo aveva dodici anni quando il padre gli chiese che mestiere avrebbe voluto fare.	☐	☐

Unità 23

Ad una stazione di servizio

I.1.

Addetto Dica, signore!

Sig. Valli Mi faccia il pieno!

Addetto La benzina normale è terminata.

Sig. Valli Non importa. Metta pure la super!

Addetto Mi dia la chiave del serbatoio, per favore!

Sig. Valli Scusi, dimenticavo che il tappo era chiuso.

Addetto Ecco fatto! L'acqua è a posto?

Sig. Valli Non so. Me la controlli, per favore!

Addetto Ne mancava un bel po'. In questa stagione va aggiunta spesso!

Sig. Valli Guardi un po' anche l'olio!

Addetto È sotto il minimo ed è molto denso. Secondo me va cambiato.

Sig. Valli Allora lo cambi, perché mi aspetta un lungo viaggio.

Addetto Se è così, andrebbe controllata anche la pressione delle gomme.

Sig. Valli Non è molto che l'ho fatta misurare...

Addetto Sì, ma prima di un viaggio va controllata in ogni caso. Le dispiacerebbe spostarsi un po' più avanti?

I.2. Esercizi orali

1. Rispondete alle seguenti domande:

1. Perché il signor Valli si è fermato alla stazione di servizio?
2. Perché l'addetto deve mettere la benzina super?
3. Che cosa controlla l'addetto?
4. Perché l'olio va cambiato?
5. Cosa dice l'addetto a proposito della pressione delle gomme?
6. Cosa vuole far riparare il signor Valli?
7. Cosa chiede, infine, il signor Valli all'addetto?

Sig. Valli Un momento, che metto in moto!

Addetto Non c'è bisogno. Tolga il freno, che la spingo io!

Sig. Valli A proposito: qui si possono riparare le gomme?

Addetto Certo! Vengono riparate in pochi minuti.

Sig. Valli Allora approfitterei per far riparare la ruota di scorta.

Addetto Me la dia, gliela faccio fare mentre aspetta il cambio dell'olio.

Sig. Valli Il portabagagli è aperto: la prenda pure! Nel frattempo vado a bere qualcosa al bar. Mi avverta quando è tutto fatto!

Addetto Non dubiti! Vada pure tranquillo!

Sig. Valli Ah, senta! Non avrebbe mica una carta stradale dell'Italia?

Addetto No, noi non le teniamo. Provi a cercarla al prossimo distributore dove c'è l'autogrill Pavesi. Forse lì ce l'hanno. ◎

I.3. Completate i dialoghi secondo il modello:

a) È proprio necessario che io scriva?
Sì, *scriva*, per favore!

1. È proprio necessario che io scriva?

....

2. È proprio necessario che io ripeta?

....

3. È proprio necessario che io scenda?

....

4. È proprio necessario che io legga?

....

5. È proprio necessario che io rimanga?

....

b) È meglio che esca anch'io?
Sì, *esca* anche Lei!

1. È meglio che esca anch'io?

....

2. È meglio che parta anch'io?

....

3. È meglio che senta anch'io?

....

4. È meglio che venga anch'io?

....

5. È meglio che salga anch'io?

....

c) Permette che ascolti anch'io?
Prego, *ascolti* pure!

1. Permette che ascolti anch'io?

....

2. Permette che guardi anch'io?

....

3. Permette che provi anch'io?

....

4. Permette che entri anch'io?

....

5. Permette che resti anch'io?

....

I.4. Leggete i seguenti dialoghi:

Confidenziale (tu)	*Formale (Lei)*
Sono rimasto senza sigarette. *Prendi* questo pacchetto; io ne ho un altro. Grazie, e a buon rendere! Per carità!	Sono rimasto senza sigarette. *Prenda* questo pacchetto; io ne ho un altro. Grazie, e a buon rendere! Per carità!
Mi sembra che faccia troppo caldo qui, non trovi? Se vuoi, *apri* la finestra! A te non dà fastidio? No, anzi!	Mi sembra che faccia troppo caldo qui, non trova? Se vuole, *apra* la finestra! A Lei non dà fastidio? No, anzi!
Permesso? Avanti! Disturbo? No, prego, *entra* pure!	Permesso? Avanti! Disturbo? No, prego, *entri* pure!
Sai a chi potrei rivolgermi per avere un'informazione? *Cerca* del signor Mauri. Lo conosci bene? Sì. *Va'* da lui a nome mio.	Sa a chi potrei rivolgermi per avere un'informazione? *Cerchi* del signor Mauri. Lo conosce bene? Sì. *Vada* da lui a nome mio.
Scusa! Dici a me? Sì, proprio a te. *Di'* pure! Sai se qui intorno c'è un meccanico? Non saprei. Non sono pratico di questa zona.	*Scusi*! Dice a me? Sì, proprio a Lei. *Dica* pure! Sa se qui intorno c'è un meccanico? Non saprei. Non sono pratico di questa zona.
Scusa, hai ancora molto da fare? Solo qualche minuto. *Abbi* pazienza!	*Scusi*, ha ancora molto da fare? Solo qualche minuto. *Abbia* pazienza!
Viaggiare in treno è troppo caro. Farò l'autostop. *Sta'* attenta! È pericoloso per una ragazza sola. Io non ho paura. Allora *fa'* come vuoi, però *sappi* che è un grosso rischio.	Viaggiare in treno è troppo caro. Farò l'autostop. *Stia* attenta! È pericoloso per una ragazza sola. Io non ho paura. Allora *faccia* come vuole, però *sappia* che è un grosso rischio.

I.5. Trasformate le seguenti frasi secondo il modello:

a) Corri, altrimenti farai tardi!
Corra, altrimenti farà tardi!

1. Prendi l'autobus, così non avrai problemi di parcheggio!

....

2. Scendi alla fermata davanti al museo!

....

3. Chiedi se c'è una riduzione per studenti!

....

4. Scrivi a macchina almeno l'indirizzo!

....

5. Smetti di bere e starai sicuramente meglio!

....

b) Scegli il posto che preferisci!
Scelga il posto che preferisce!

1. Spegni la sigaretta prima di entrare!

....

2. Vieni a prendermi alle sei in ufficio!

....

3. Togli il prezzo, altrimenti fai una brutta figura!

....

4. Spingi la macchina un po' più in là!

....

5. Sali a piedi, perché l'ascensore è guasto!

c) Finisci con calma, non c'è fretta!
Finisca con calma, non c'è fretta!

1. Avverti a casa che non torni a pranzo!

....

2. Parti di notte: c'è meno traffico!

....

3. Pulisci gli occhiali, se no non ci vedi bene!

....

4. Dormi di più, altrimenti finirai male!

....

5. Segui i consigli del medico se vuoi star bene!

....

d) Cerca subito un albergo!
Cerchi subito un albergo!

1. Dimentica quella brutta storia!

    ....

2. Spiega qual è il problema!

    ....

3. Indica sulla carta dove passa l'autostrada!

    ....

4. Prega il tassista di aspettare!

    ....

5. Gioca a tennis, se è possibile!

    ....

e) Di' all'addetto di cambiare l'olio!
Dica all'addetto di cambiare l'olio!

1. Fa' attenzione, c'è il limite di velocità!

    ....

2. Va' piano, se no prendi la multa!

    ....

3. Sta' tranquillo, andrà tutto bene!

    ....

4. Da' l'esame, non è difficile!

    ....

5. Abbi fiducia, tutto si sistemerà!

    ....

I.6. Leggete i seguenti dialoghi:

Confidenziale (tu)

Ho un mal di testa terribile!
Riposati un po'! Se vuoi, *stenditi* sul divano.
No, preferisco prendere una boccata d'aria.
Allora *va'* in terrazza, ma *copriti* bene, perché l'aria è umida.

Perché non vieni con noi? Passeresti una bella giornata!
Non posso proprio, *credimi*!
Peccato!
Sarà per un'altra volta!

Sii gentile, *dammi* una mano a cambiare la ruota!
Ti aiuterei volentieri, ma sono negato per queste cose.
Allora che fai quando buchi?
Resto per strada finché non si ferma qualcuno.

Tu non prendi vino?
No, non sono abituato a bere.
Fa' un'eccezione! *Assaggialo*, ne vale la pena!
Sentiamo!
Beh?
Avevi ragione!

Dovrei fare una telefonata in teleselezione.
Falla dopo le nove e mezzo, così spendi di meno.

Che belle rose!
Se ti piacciono, *cogline* quante ne vuoi!
Posso davvero?
Fa' pure!

Prima di partire *lasciami* l'indirizzo!
Non posso dartelo perché non ho ancora fissato l'albergo.
E se arriva posta per te, dove te la rispedisco?
Mandamela fermo posta!

Vado dal tabaccaio. Vuoi che ti compri le sigarette?
Magari!
Ti basta un pacchetto?
No, *prendimene* due, per favore!
Senz'altro!

Formale (Lei)

Ho un mal di testa terribile!
Si riposi un po'! Se vuole, *si stenda* sul divano.
No, preferisco prendere una boccata d'aria.
Allora *vada* in terrazza, ma *si copra* bene, perché l'aria è umida.

Perché non viene con noi? Passerebbe una bella giornata!
Non posso proprio, *mi creda*!
Peccato!
Sarà per un'altra volta!

Sia gentile, *mi dia* una mano a cambiare la ruota!
L'aiuterei volentieri, ma sono negato per queste cose.
Allora che fa quando buca?
Resto per strada finché non si ferma qualcuno.

Lei non prende vino?
No, non sono abituato a bere.
Faccia un'eccezione! *Lo assaggi*, ne vale la pena!
Sentiamo!
Beh?
Aveva ragione!

Dovrei fare una telefonata in teleselezione.
La faccia dopo le nove e mezzo, così spende di meno.

Che belle rose!
Se Le piacciono, *ne colga* quante ne vuole!
Posso davvero?
Faccia pure!

Prima di partire *mi lasci* l'indirizzo!
Non posso darglielo perché non ho ancora fissato l'albergo.
E se arriva posta per Lei, dove Gliela rispedisco?
Me la mandi fermo posta!

Vado dal tabaccaio. Vuole che Le compri le sigarette?
Magari!
Le basta un pacchetto?
No, *me ne prenda* due, per favore!
Senz'altro!

I.7.1. Completate le frasi secondo il modello:

Franca, siediti qui! *Si sieda qui anche Lei, signora!*

1. Franca, siediti qui! ....
2. Maria, copriti bene! ....
3. Anna, iscriviti al corso! ....
4. Paola, deciditi a restare! ....
5. Carla, mettiti a dormire! ....

2. Trasformate le seguenti frasi secondo il modello:

Se vuoi usare la macchina, usala pure!
Se vuole usare la macchina, la usi pure!

1. Se vuoi usare la macchina, usala pure!
....
2. Se vuoi fumare una sigaretta, fumala pure!
....
3. Se vuoi portare un'amica, portala pure!
....
4. Se vuoi lasciare la borsa, lasciala pure!
....
5. Se vuoi guardare la televisione, guardala pure!
....

3. Come sopra:

Ti compro il giornale? Sì, compramelo, per favore!
Le compro il giornale? Sì, me lo compri, per favore!

1. Ti compro il giornale? Sì, compramelo, per favore!
....
2. Ti scrivo l'indirizzo? Sì, scrivimelo, per favore!
....
3. Ti faccio il biglietto? Sì, fammelo, per favore!
....
4. Ti do il cappotto? Sì, dammelo, per favore!
....
5. Ti ripeto il numero? Sì, ripetimelo, per favore!
....

I.8. Leggete i seguenti dialoghi:

Confidenziale (tu)	*Formale (Lei)*
Prendi più carne! Grazie, basta così! *Non fare* complimenti! A pranzo mangio pochissimo. Allora non insisto. Buon appetito! Grazie altrettanto!	*Prenda* più carne! Grazie, basta così! *Non faccia* complimenti! A pranzo mangio pochissimo. Allora non insisto. Buon appetito! Grazie altrettanto!
Potrei dirti due parole? Certamente! Ma perché resti in piedi? *Siediti*! Non vorrei rubarti troppo tempo. *Non preoccuparti*!	Potrei dirLe due parole? Certamente! Ma perché resta in piedi? *Si sieda*! Non vorrei rubarLe troppo tempo. *Non si preoccupi*!
Come mai questa porta non si apre? *Non tirarla*, *spingila*!	Come mai questa porta non si apre? *Non la tiri*, *la spinga*!
Dovrei tagliarmi i capelli. Potresti indicarmi un buon parrucchiere? *Va'* dal mio! È bravo e non troppo caro. *Dammi* l'indirizzo! Lorenzo, Via Cairoli, 21. Bene! Ci vado domattina. No, *non andarci* proprio di sabato: c'è da aspettare troppo!	Dovrei tagliarmi i capelli. Potrebbe indicarmi un buon parrucchiere? *Vada* dal mio! È bravo e non troppo caro. *Mi dia* l'indirizzo! Lorenzo, Via Cairoli, 21. Bene! Ci vado domattina. No, *non ci vada* proprio di sabato: c'è da aspettare troppo!
Per quanto tempo è stato re Umberto II? *Non chiedermelo*! Non saprei risponderti. Non hai studiato la storia a scuola? Sì, ma sono passati tanti anni!	Per quanto tempo è stato re Umberto II? *Non me lo chieda*! Non saprei risponderLe. Non ha studiato la storia a scuola? Sì, ma sono passati tanti anni!

I.9. Completate le frasi secondo il modello:

a) Aldo, non scendere!
Non scenda neppure Lei, signora!

1. Aldo, non scendere! ....
2. Sergio, non correre! ....
3. Paolo, non rispondere! ....
4. Mario, non insistere! ....
5. Gianni, non discutere! ....

b) Non preoccuparti, Anna!
Non si preoccupi Lei, piuttosto!

1. Non preoccuparti, Anna!

   ....

2. Non arrabbiarti, Luisa!

   ....

3. Non stancarti, Paola!

   ....

4. Non bagnarti, Rita!

   ....

5. Non dimenticarti, Laura!

   ....

I.10. Trasformate le seguenti frasi secondo il modello:

a) Marco non sa cosa dice: non ascoltarlo!
Marco non sa cosa dice: *non lo ascolti*!

1. Luigi non viene: non aspettarlo!

   ....

2. Queste sigarette sono forti: non fumarle!

   ....

3. Quei fogli possono ancora servire: non buttarli!

   ....

4. È un'offerta interessante: non rifiutarla!

   ....

b) Paolo è geloso della macchina: non chiedergliela!
Paolo è geloso della macchina: *non gliela chieda!*

1. Questo posto è di Sandra: non prenderglielo!

   ....

2. Ugo deve sapere la verità: non nascondergliela!

   ....

3. Marco preferisce stare con la finestra aperta: non chiudergliela!

   ....

4. Rita è curiosa di sapere quanti anni ho: non dirglielo!

   ....

I.11. Conversazioni

Loro *(formale)*

Entrino prego!
Disturbiamo?
Affatto! *Si accomodino* pure!

Mi scusino, chi devo annunciare al direttore?
Il dottor Baroni e signora.
Attendano un momento!
Prego!
Possono accomodarsi!
Grazie!

Ecco la ricevuta. *Non la perdano* altrimenti non possono ritirare i documenti!
Veniamo qui a ritirarli?
No, *vadano* allo sportello sei!

Voi *(non formale)*

Entrate prego!
Disturbiamo?
Affatto! *Accomodatevi* pure!

Scusatemi, chi devo annunciare al direttore?
Baroni.
Attendete un momento!
Prego!
Potete accomodarvi!
Grazie!

Ecco la ricevuta. *Non perdetela* altrimenti non potete ritirare i documenti!
Veniamo qui a ritirarli?
No, *andate* allo sportello sei!

I.12. Come si dice in un altro modo

Dovrei fare un vaglia.
Compili questo modulo!
Non sono pratico di queste cose.
Potrebbe spiegarmi come si fa?
È semplice. Qui *deve essere scritta* la somma in cifre e qui *deve essere riportata* in lettere. Il nome e l'indirizzo del destinatario *devono essere scritti* a stampatello.
È tutto?
Aggiunga la data e l'indirizzo del mittente!

Vorrei prenotare un posto nel vagone-letto per Monaco.
Per quando?
Per dopodomani.
Allora niente da fare! È tutto esaurito.
Non ci sarebbe neppure una cuccetta?
Purtroppo no. Avrebbe dovuto pensarci prima! Si sa che le prenotazioni *devono essere fatte* con molto anticipo.
Lei ha ragione, ma può anche succedere che uno debba partire all'improvviso.

Dovrei fare un vaglia.
Compili questo modulo!
Non sono pratico di queste cose.
Potrebbe spiegarmi come si fa?
È semplice. Qui *va scritta* la somma in cifre e qui *va riportata* in lettere. Il nome e l'indirizzo del destinatario *vanno scritti* a stampatello.
È tutto?
Aggiunga la data e l'indirizzo del mittente!

Vorrei prenotare un posto nel vagone letto per Monaco.
Per quando?
Per dopodomani?
Allora niente da fare! È tutto esaurito.
Non ci sarebbe neppure una cuccetta?
Purtroppo no. Avrebbe dovuto pensarci prima! Si sa che le prenotazioni *vanno fatte* con molto anticipo.
Lei ha ragione, ma può anche succedere che uno debba partire all'improvviso.

Il Suo aereo parte alle 14.25.
A che ora devo essere all'aeroporto?
Per sicurezza non più tardi delle 12.30.
Come mai così presto?
Perché i bagagli *devono essere consegnati* con un certo anticipo, e poi c'è il controllo dei passaporti.
E ci vuole tanto tempo?
Dipende dal numero dei passeggeri.

Questo liquore si beve con ghiaccio?
No, *deve essere bevuto* liscio, altrimenti non si sente bene il sapore.

Non mi dà nessuna medicina, dottore?
Lei ha più bisogno di riposo che di medicine!
E quando sento che la pressione scende, che prendo?
Se proprio vuole, Le segno delle gocce per il cuore. Ricordi che *devono essere prese* due volte al giorno, prima dei pasti principali!

Il Suo aereo parte alle 14.25.
A che ora devo essere all'aeroporto?
Per sicurezza non più tardi delle 12.30.
Come mai così presto?
Perché i bagagli *vanno consegnati* con un certo anticipo, e poi c'è il controllo dei passaporti.
E ci vuole tanto tempo?
Dipende dal numero dei passeggeri.

Questo liquore si beve con ghiaccio?
No, *va bevuto* liscio, altrimenti non si sente bene il sapore.

Non mi dà nessuna medicina, dottore?
Lei ha più bisogno di riposo che di medicine!
E quando sento che la pressione scende, che prendo?
Se proprio vuole, Le segno delle gocce per il cuore. Ricordi che *vanno prese* due volte al giorno, prima dei pasti principali!

I.13. Ed ora completate i dialoghi secondo il modello:

a) L'acqua deve essere cambiata spesso?
Sì, *va cambiata* spesso.

1. L'acqua deve essere cambiata spesso?

   ....

2. L'affitto deve essere pagato in anticipo?

   ....

3. La denuncia deve essere fatta subito?

   ....

b) Gli animali devono essere lasciati fuori?
Sì, *vanno lasciati* fuori.

1. Gli animali devono essere lasciati fuori?

   ....

2. Le tasse devono essere pagate in banca?

   ....

3. I nomi devono essere scritti a stampatello?

   ....

I.14. Trasformate le seguenti frasi secondo il modello:

a) Questo dente dovrebbe essere tolto subito.
Questo dente *andrebbe tolto* subito.

1. Questo dente dovrebbe essere tolto subito.

....

2. Questa stanza dovrebbe essere messa in ordine.

....

3. Questo vino dovrebbe essere servito freddo.

....

b) Queste gomme dovevano essere cambiate molto prima.
Queste gomme *andavano cambiate* molto prima.

1. Queste gomme dovevano essere cambiate molto prima.

....

2. Questi problemi dovevano essere risolti molto prima.

....

3. Queste rose dovevano essere colte molto prima.

....

I.15. Come si dice in un altro modo

Il calcio è molto popolare da voi, vero?
Sì, *è seguito* da molti.
Fra i tifosi ci sono molte donne?
Sì, moltissime.

Ho sentito che è uscita una nuova utilitaria.
Parla della «Panda»?
Sì, mi pare che si chiami così.
Da chi *è fabbricata?*
Dalla Fiat.

È contenta del corso che frequenta?
Sì, sono più che soddisfatta.
E nelle altre classi come vanno le cose?
Bene, perché tutti i corsi *sono tenuti* da bravi insegnanti.

Il calcio è molto popolare da voi, vero?
Sì, *viene seguito* da molti.
Fra i tifosi ci sono molte donne?
Sì, moltissime.

Ho sentito che è uscita una nuova utilitaria.
Parla della «Panda»?
Sì, mi pare che si chiami così.
Da chi *viene fabbricata*?
Dalla Fiat.

È contenta del corso che frequenta?
Sì, sono più che soddisfatta.
E nelle altre classi come vanno le cose?
Bene, perché tutti i corsi *vengono tenuti* da bravi insegnanti.

I.16.1. Completate le seguenti frasi secondo il modello:

Questo spettacolo *è seguito* da milioni di persone. (seguire)

1. Questa musica .... soprattutto dagli anziani. (apprezzare)
2. Questo tipo di giornale .... da poche persone. (leggere)
3. La cena di stasera .... dal direttore. (offrire)
4. Quell'uomo .... da molti, perché è autoritario. (odiare)
5. La lezione di conversazione .... da un'insegnante nuova. (tenere)

2. Trasformate ora, secondo il modello, le frasi che avete appena completato:

Questo spettacolo *è seguito* da milioni di persone.
Questo spettacolo *viene seguito* da milioni di persone.

1. Questa musica è apprezzata soprattutto dagli anziani.

   ....

2. Questo tipo di giornale è letto da poche persone.

   ....

3. La cena di stasera è offerta dal direttore.

   ....

4. Quell'uomo è odiato da molti, perché è autoritario.

   ....

5. La lezione di conversazione è tenuta da un'insegnante nuova.

   ....

3. Trasformate ora nello stesso modo le seguenti frasi:

I Rossi sono rispettati da tutti.
I Rossi *vengono rispettati* da tutti.

1. Di solito le ragazze belle sono considerate stupide dagli uomini.

   ....

2. Molti giovani sono spinti a rubare dal bisogno di comprare la droga.

   ....

3. Alcune parole nuove sono usate quasi esclusivamente dai giovani.

   ....

4. I francobolli sono venduti anche dai tabaccai.

   ....

4. Leggete i seguenti dialoghi:

Marco ha deciso da solo di riprendere gli studi?
No, *è stato consigliato* dai genitori.

Maria non torna a pranzo?
No, *è stata invitata* da amici.

Il viaggio è andato bene?
Sì, devo dire che *è stato organizzato* in maniera perfetta.

Avete potuto risolvere il vostro problema?
Sì, *siamo stati ricevuti* dal direttore in persona.
Avete avuto fortuna!

5. Trasformate le seguenti frasi secondo il modello:

a) Carla ha preparato il pranzo.
Il pranzo *è stato preparato* da Carla.

1. Franco ha deciso la data.

....

2. Giulio ha scoperto il sistema.

....

3. Rita ha organizzato la festa.

....

b) Hanno fatto tanti danni.
Sono stati fatti tanti danni.

1. Hanno tagliato tanti alberi.

....

2. Hanno ucciso tanti animali.

....

3. Hanno ripetuto tanti errori.

....

I.17. Come si dice in un altro modo

Che bella cravatta! Dove l'hai comprata?
Me l'hanno regalata.
Chi l'ha scelta, ha molto buon gusto!

Pare che il prezzo della benzina aumenti di nuovo.
Chi te l'ha detto?
Non hai letto il giornale stamattina?
Se ne parlano i giornali, deve essere sicuro.

Che bella cravatta! Dove l'hai comprata?
Mi è stata regalata.
Chi l'ha scelta, ha molto buon gusto!

Pare che il prezzo della benzina aumenti di nuovo.
Da chi ti è stato detto?
Non hai letto il giornale stamattina?
Se ne parlano i giornali, deve essere sicuro.

II.1. Lei è in contravvenzione: concilia?

Vigile	Buongiorno!
Automobilista	Buongiorno!
Vigile	Non ha visto che c'è il limite di velocità?

1

Automobilista	Ma io andavo pianissimo!
Vigile	Non mi pare! Lei andava a ottanta all'ora, perciò è in contravvenzione.

2

Automobilista Mi lasci spiegare ...
Vigile Non insista! Mi dia la patente e il libretto!
Automobilista Ecco a Lei! 3

Vigile Tenga! Ora accenda i fari!
Automobilista Subito! 4

Vigile Schiacci il pedale del freno!
Automobilista Ecco! 5

Vigile Guardi che il fanalino destro non funziona!
Automobilista È vero? Non me n'ero accorto! 6

Vigile Faccia sostituire subito la lampadina!
Automobilista Non dubiti! Mi fermerò al prossimo distributore. 7

Vigile Le gomme posteriori sono lisce. Dovrei farLe la multa anche per questo...
Automobilista Sia gentile, lasci perdere! 8

Vigile Il codice parla chiaro! Allora che fa, concilia?
Automobilista Sì, se proprio non può chiudere un occhio, pago subito. ◉ 9

II.2. Rispondete alle seguenti domande:

1. Perché l'automobilista è in contravvenzione?
2. Che cosa chiede di vedere l'agente?
3. Che cosa deve fare l'automobilista?
4. C'è qualcosa che non funziona?
5. Che cosa ordina di fare l'agente?
6. Qual è l'altra ragione per cui l'agente deve fare la multa?
7. Potrebbe spiegare con altre parole il senso dell'espressione «chiudere un occhio»?

III.1. Riflessione grammaticale

a)	tu			Lei		
Prend*ere*	Marco,	prendi	l'autobus!	Signorina,	prenda	l'autobus!
apr*ire*	Marco,	apri	la finestra!	Signorina,	apra	la finestra!
entr*are*	Marco,	entra	pure!	Signorina,	entri	pure!
cerc*are*	Marco,	cerca	un albergo!	Signorina,	cerchi	un albergo!

b)						
essere	Marco,	*sii*	più gentile!	Signorina,	*sia*	più gentile!
avere	Marco,	*abbi*	pazienza!	Signorina,	*abbia*	pazienza!

c)	
Marco, riposati! stenditi! copriti!	Signorina, si riposi! si stenda! si copra!
Il vino è ottimo: assaggialo!	Il vino è ottimo: lo assaggi!
Non posso proprio: credimi!	Non posso proprio: mi creda!
Non ho il giornale: compramelo!	Non ho il giornale: me lo compri!

d)	
Marco, *non fare* complimenti!	Signorina, *non faccia* complimenti!
non disturbarti!	*non si disturbi!*
La porta si spinge, *non tirarla*!	La porta si spinge, *non la tiri*!
Paolo è geloso della macchina: *non chiedergliela*!	Paolo è geloso della macchina: *non gliela chieda*!

e) voi	Loro
Entr*ate*, prego!	Entr*ino*, prego!
Attend*ete* un momento!	Attend*ano* un momento!
Usc*ite* di là!	Esc*ano* di là!
Accomodatevi pure!	Si accomodino pure!
Ecco la ricevuta: non perdetela!	Ecco la ricevuta: non la perdano!

f)			
La somma	deve essere	scritta	in cifre
Questo liquore	va	bevuto	liscio
Il nome e il cognome	devono essere	scritti	a stampatello
Le tasse	vanno	pagate	in banca

g)			
La somma	deve essere va si deve	scritta scrivere	in cifre
Il nome e il cognome	devono essere vanno si devono	scritti scrivere	a stampatello
Questo vino	dovrebbe essere andrebbe si dovrebbe	servito servire	freddo

h)			
Il calcio	è	seguito	da molti
La «Panda»	viene	fabbricata	dalla Fiat
I corsi	sono	tenuti	da bravi insegnanti
Le lezioni	vengono	tenute	da ottimi professori

i)

I genitori	hanno consigliato	Maria	di riprendere
Maria	è stata consigliata	dai genitori	gli studi
	Hanno organizzato	il viaggio	in maniera
Il viaggio	è stato organizzato		perfetta

l)

Chi	te l'	ha detto?	
Da chi	ti	è stato	detto?
Chi	gliel'	ha detto?	
Da chi	Le le gli	è stato	detto?

III.2. Trasformate le seguenti frasi secondo il modello:

a) Il signor Valli ha detto al ragazzo: «*Metta la super!*»
Il signor Valli ha detto al ragazzo *di mettere la super*.

1. Il signor Valli ha detto al ragazzo: «Metta la super!»

....

2. Il signor Valli ha detto al ragazzo: «Controlli l'acqua!»

....

3. Il signor Valli ha detto al ragazzo: «Guardi anche l'olio!»

....

4. Il signor Valli ha detto al ragazzo: «Misuri la pressione delle gomme!»

....

b) Il signor Valli ha detto al ragazzo: «*Mi faccia il pieno!*»
Il signor Valli ha detto al ragazzo *di fargli il pieno*.

1. Il signor Valli ha detto al ragazzo: «Mi faccia il pieno!»

....

2. Il ragazzo ha detto al signor Valli: «Mi dia la chiave del serbatoio!»

....

3. Il signor Rosi ha detto al signor Tini: «Mi lasci l'indirizzo!»

....

4. Il signor Petrini ha detto al signor Risi: «Mi telefoni dopo le nove!»

....

c) «*Si riposi un po'*, signora!»
Ho detto alla signora *di riposarsi un po'*.

1. «Si riposi un po', signora!»

   ....

2. «Si sieda in poltrona, signorina!»

   ....

3. «Si copra bene, signor Ratti!»

   ....

d) «*Non insista*, signora!»
Ho pregato la signora *di non insistere*.

1. «Non insista, signora!»

   ....

2. «Non gridi, signora!»

   ....

3. «Non si arrabbi, signora!»

   ....

III.3. Raccontate il contenuto del dialogo fra il signor Valli e l'addetto al distributore, ricordando i seguenti punti:

Fare il pieno / benzina normale terminata / chiave del serbatoio / aggiungere acqua / olio / pressione delle gomme / spostarsi / mettere in moto / togliere il freno / riparare le gomme / ruota di scorta / carta stradale / prossimo distributore /

III.4. Rispondete alle seguenti domande:

1. Nel Suo paese esiste il problema della benzina? Perché?
2. Che tipo di benzina si vende?
3. Quanto costa al litro?
4. È cara in rapporto al costo della vita?

III.5. Descrivete le caratteristiche della vostra macchina, spiegando:

a) che tipo di macchina è (utilitaria, di lusso, ecc.)
b) di che colore è
c) quante porte ha
d) quante persone può portare
e) dove ha il motore
f) qual è la velocità massima che può raggiungere
g) quanti chilometri fa con un litro di benzina in città e su strada
h) se il portabagagli è grande o piccolo
i) se il tappo del serbatoio si chiude a chiave

III.6. Un amico vi dice che è appena uscita una nuova macchina. Fategli le domande necessarie per sapere quali sono le caratteristiche principali.

III.7.a. Certamente avrete preso la multa almeno una volta. Raccontate quando, dove e perché l'avete presa.

III.7.b. Se non guidate la macchina, chiedete ad una persona che ha preso la multa di raccontarvi quando, perché e dove l'ha presa.

IV Esercizio di pronuncia e intonazione

1. **C** e **Č**

Dica, signore!

Mi dia la chiave del serbatoio, per favore!

Dimenticavo che il tappo era chiuso!

Ecco fatto! L'acqua è a posto?

Vada pure tranquillo!

Non avrebbe mica una carta stradale della Francia?

Non faccia complimenti!

Preferisco prendere una boccata d'aria.

Non ha visto che c'è il limite di velocità?

Con questi occhiali non ci vedo bene.

2. **G** e **Ğ**

In questa stagione l'acqua va aggiunta spesso.

Tolga il freno, che la spingo io!

Queste gocce vanno prese tre volte al giorno.

Questo vino è ottimo: lo assaggi!

Il viaggio è stato organizzato in maniera perfetta.

3. *Sci/Sce*

Scenda alla prossima fermata!

Prima di partire mi lasci l'indirizzo!

Questo liquore va bevuto liscio.

È uscita una nuova utilitaria.

Sia gentile, lasci perdere!

V Test

A. Completate le frasi con le parole mancanti:

1. Mi faccia .... di super, per favore!
2. Per aprire la porta non deve tirare, ma ....
3. Se Le fa male la testa, esca a prendere .... d'aria!
4. Scusi, non avrebbe .... un orario ferroviario?
5. Maria non è .... di queste cose: è meglio che l'aiuti tu.

B. Completate le frasi con la forma conveniente del verbo:

1. Se si annoia a stare qui, ... pure! (uscire)
2. Se vuole parlare con Gianni, ... all'ora di cena! (telefonargli)
3. Se preferisce, ... davanti! (sedersi)
4. Se Le dà fastidio il fumo, ...! (dirmelo)
5. Se Sua moglie riposa, ...! (non disturbarla)

C. Completate le frasi secondo il senso:

1. Questo film .... visto dall'inizio.
2. Tutte le lettere .... mandate di solito per via aerea.
3. Il furto .... scoperto da un passante.
4. Le tasse .... pagate entro la fine di maggio.
5. Il permesso di soggiorno .... chiesto alla polizia.

D. Completate le frasi con le preposizioni convenienti:

1. La somma va scritta anche .... lettere.
2. Maria è rimasta .... strada perché ha bucato.
3. Marco non sa se partire in macchina o in treno. Dipende .... tempo.
4. Dispiace anche a me non venire. Pazienza! Sarà .... un'altra volta!
5. Se vuole un consiglio, vada .... mio parrucchiere! È bravo e non è caro.

VI.1. Modena: Ferrari e Maserati

Il modenese[1] vive nel furor[2] dei motori, e mescola[3] alla sua passione il pittoresco,[4] la speciale follia[5] emiliana. Qui tocca il vertice[6] la mania dei motori veloci ma essa è versata nella[7] tecnica, nella precisione, e nell'atavismo[8] di quello che fu uno dei nostri grandi centri artigiani. Fabbriche d'automobili, ma d'eccezione: Ferrari, Maserati, Stanguellini; non è soltanto un caso che si trovano tutte a Modena. Una visita a questi stabilimenti spalanca[9] un curioso[10] panorama umano fatto di tecnicismo, di spirito artigianale, di ossessione sportiva, di stravaganze[11] personali. Alla Ferrari, per esempio, si fanno cento macchine all'anno e non più, i pezzi eseguiti a uno a uno. «Le macchine sono persone», mi confessa Ferrari, «ogni macchina ha un'anima, e fabbricarle è come prendere la cocaina.» Questi capolavori[12] della tecnica automobilistica nascono in una agitazione romantica: il celebre[13] costruttore si commuove al ricordo della sua gioventù, quando traversando l'Abruzzo[14] in una gara,[15] fu fermato dai lupi.[16] Curioso è anche Stanguellini, il trasformatore. Egli trasforma in automobili da corsa o da grande turismo comuni automobili Fiat, tappa intermedia verso la Ferrari e la Maserati. L'idea gli venne gareggiando[17] con gli amici quand'era giovane; trasformava la propria macchina per vincere qualche gara. Non saprei immaginare industria più italiana, nata da un più preciso intuito[18] degli italiani, tutti maniaci[19] di primati.[20]

Guido Piovene, *Viaggio in Italia,*
Mondadori, Milano.

Note

1. modenese: abitante di Modena; 2. furore: passione; 3. mescola: mette insieme, mischia; 4. pittoresco: che suscita emozioni estetiche; 5. follia: pazzia; 6. tocca il vertice: arriva al massimo grado; 7. è versata nella...: è indirizzata verso la...; 8. atavismo: tradizione; 9. spalanca: apre; 10. curioso: strano, insolito; 11. stravaganze: atteggiamenti strani, singolari; 12. capolavori: opere d'arte; 13. celebre: famoso; 14. traversando l'Abruzzo: passando attraverso l'Abruzzo; 15. gara: competizione; 16. lupi: animali selvatici, simili a cani; 17. gareggiando: facendo delle gare; 18. intuito: capacità di prevedere o capire subito un fatto; 19. maniaci di: con la mania di; 20. primati: risultati massimi in una determinata specialità sportiva.

1

2

3

1 Interno dello stabilimento di Maranello, dove la Ferrari si è trasferita negli anni Quaranta.

2 La Khamsin, uno dei modelli più recenti della Maserati

3 Il Gran Premio d'Italia a Monza, una delle più prestigiose gare automobilistiche della Formula 1.

VI.2 Test

	Vero	Falso
1. La Ferrari è una delle fabbriche di automobili che si trovano a Modena.	☐	☐
2. A Modena la mania dei motori veloci è unita alla tecnica e alla precisione.	☐	☐
3. Alla Ferrari si fanno mille macchine all'anno e non di più.	☐	☐
4. Stanguellini trasformava in macchine da corsa le comuni Maserati.	☐	☐

Unità 24

Pregi e difetti degli italiani

I.1.

Signora Bell	Sa che mi dispiace lasciare l'Italia?
Signor Santi	Dunque la Sua opinione sugli italiani non è poi tanto cattiva!
Signora Bell	Tutt'altro! Trovo che siano cortesi, generosi, ricchi di fantasia...
Signor Santi	All'inizio non mi pareva che la *pensasse* così.
Signora Bell	Infatti. Devo ammettere che avevo molti pregiudizi verso gli italiani. Per esempio credevo che *fossero* superficiali e poco amanti del lavoro.
Signor Santi	E magari pensava che *passassero* il tempo a suonare il mandolino e a cantare canzoni romantiche, no?
Signora Bell	Mi vergogno a dirlo, ma è così. Mi scusi, non vorrei che come italiano Lei *si offendesse*!
Signor Santi	Per carità! Se mai mi viene da ridere a sentire certi discorsi.
Signora Bell	Ora però, come Le dicevo, ho cambiato idea e comincio a vedere chiaramente anche i pregi degli italiani.
Signor Santi	Ciò non toglie che certi fatti Le diano fastidio...
Signora Bell	Ad essere sincera, sì. Alcune cose mi danno ai nervi.
Signor Santi	Quali sarebbero queste cose?
Signora Bell	La prima è la mancanza di puntualità. Fissare un appuntamento per le sette significa, nel migliore dei casi, incontrarsi alle sette e mezzo.
Signor Santi	Lei parla come se tutti gli italiani *si comportassero* allo stesso modo.
Signora Bell	Parlo per esperienza diretta e non per sentito dire.
Signor Santi	D'accordo, però è ovvio che non si può sempre generalizzare.
Signora Bell	Lasciamo andare! Le altre cose che non sopporto sono il

I.2. Leggete i seguenti dialoghi:

Tornerà ancora in Italia?
Sì. Non so quando, ma ci tornerò sicuramente.
Credevo che avesse poca simpatia per gli italiani.
No, invece mi sono molto simpatici.

		avere	
lui *credeva che*	io	avessi	poca simpatia per gli italiani
	tu	avessi	
	lei	avesse	
	noi	avessimo	
	voi	aveste	
	loro	avessero	

chiasso nei ristoranti e le auto che strombazzano.

Signor Santi Me l'aspettavo che *non si lasciasse* sfuggire l'occasione per ricordare questi fatti!

Signora Bell Sono fatti che saltano subito agli occhi perché succedono solo in Italia e sono caratteristici...

Signor Santi Scusi se La interrompo, ma devo dirLe che non sono d'accordo. Se Lei *fosse stata* in altri paesi, avrebbe scoperto che certi problemi esistono anche lì.

Signora Bell Su questo ci sarebbe da discutere, ma è un discorso che va fatto con calma. Per tornare alle cose che non mi piacciono, Le dirò che non sopporto l'abitudine di contrattare. Preferirei che i negozi *avessero* i prezzi fissi.

Signor Santi Non Le posso dare torto. È un fatto che dà fastidio anche a me, ma per fortuna è quasi del tutto scomparso.

Signora Bell A parte i difetti, va detto che gli italiani hanno tante buone qualità. Insomma, se *potessi*, vivrei volentieri in Italia.

Signor Santi Mi fa piacere sentire questo. Io non me ne andrei per tutto l'oro del mondo. ◎

Stasera c'è la partita Milan-Napoli. Speriamo che vinca il Milan!
Anche se perde, non importa.
Strano! *Pensavo che* Lei *fosse* tifoso del Milan.
No, la mia squadra preferita è l'Inter.

Sono stata un mese in Italia, ma non mi pare di aver fatto molti progressi con la lingua.
È naturale! Non si possono fare miracoli in un mese.
Forse *bisognava che frequentassi* un corso d'italiano.
Non sarebbe stato male!

		essere		
lei *pensava che*	io	fossi	tifoso	del Milan
	tu	fossi		
	lui	fosse		
	noi	fossimo	tifosi	
	voi	foste		
	loro	fossero		

		frequentare	
forse *bisognava che*	io	frequentassi	un corso d'italiano
	tu	frequentassi	
	lei	frequentasse	
	noi	frequentassimo	
	voi	frequentaste	
	loro	frequentassero	

Anch'io vado in centro: vuole un passaggio?
Volentieri, ma forse *sarebbe meglio che prendessimo* l'autobus.
Già, non avevo pensato che questa è l'ora di punta.

		prendere	
sarebbe meglio che	io	prendessi	l'autobus
	tu	prendessi	
	Lei	prendesse	
	noi	prendessimo	
	voi	prendeste	
	loro	prendessero	

Scusi, potrebbe parlare più lentamente?
Scusi Lei! *Immaginavo* che *capisse* bene l'italiano.
Capisco abbastanza, ma non tutto. Allora cercherò di pronunciare parola per parola.
Abbia pazienza!

		capire	
lui *immaginava che*	io	capissi	bene l'italiano
	tu	capissi	
	lei	capisse	
	noi	capissimo	
	voi	capiste	
	loro	capissero	

I.3. Esercizi orali

1. Completate i dialoghi secondo il modello:

a) È meglio che Marco non resti.
Sarebbe meglio, invece, che restasse.

1. È meglio che Marco non resti.

....

2. È meglio che Sandro non torni.

....

3. È meglio che Renzo non parli.

....

4. È meglio che Mario non ascolti.

....

5. È meglio che Gianni non continui.

....

b) Luisa non sa l'inglese.
No? Io credevo che lo sapesse.

1. Luisa non sa l'inglese.

....

2. Anna non conosce l'indirizzo.

....

3. Marta non legge il giornale.

....

4. Rita non prende il caffè.

....

5. Paola non ripete il corso.

....

c) Lucio ha seguito i tuoi consigli.
Davvero? Speravo proprio che li seguisse.

1. Lucio ha seguito i tuoi consigli.

....

2. Aldo ha finito gli studi.

....

3. Marco ha avvertito i genitori.

....

4. Sergio ha capito i tuoi dubbi.

....

5. Franco ha spedito i soldi.

....

I.4. Rispondete alle seguenti domande:

1. La signora Bell ha una cattiva opinione degli italiani?
2. Aveva la stessa opinione anche all'inizio del suo soggiorno in Italia?
3. Che tipo di pregiudizi aveva?
4. Che impressione fa al signor Santi sentire certi discorsi?
5. Qual è una delle cose che danno ai nervi alla signora Bell?
6. Quali sono le altre cose che non sopporta?
7. Secondo la signora Bell, gli italiani hanno solo difetti?
8. La signora Bell vivrebbe in Italia per sempre?
9. Il signor Santi se ne andrebbe volentieri dall'Italia?

I.5. Leggete i seguenti dialoghi:

Sapesse come La invidio, signora!
Perché?
Perché è così magra.
È questione di costituzione.
Infatti. Io mangio pochissimo, eppure tendo ad ingrassare.
Allora *bisognerebbe che facesse* un po' di moto.
Lo so, ma sono troppo pigra.

		fare	
	io	facessi	
	tu	facessi	
	Lei	facesse	un po'
bisognerebbe	noi	facessimo	di moto
che	voi	faceste	
	loro	facessero	

Anna ha detto che non ci può aiutare perché ha un impegno.
Peccato! *Speravo* tanto *che dicesse* di sì!
Pazienza! Il proverbio dice che chi fa da sé, fa per tre.

		dire	
	io	dicessi	
	tu	dicessi	
lui *sperava*	lei	dicesse	di sì
che	noi	dicessimo	
	voi	diceste	
	loro	dicessero	

Cerco una persona che sappia bene l'inglese.
Dovrebbe fare da interprete?
No, *vorrei che traducesse* un documento.
Se si tratta solo di questo, sono capace anch'io.
Allora siamo a cavallo!

		tradurre	
	io	traducessi	
	tu	traducessi	
lei *vorrebbe*	Lei	traducesse	un
che	noi	traducessimo	documento
	voi	traduceste	
	loro	traducessero	

Potrei avere un po' di vino?
Ma certo! Scusi, *credevo che* Lei *non bevesse*!
Infatti. Ma oggi voglio fare uno strappo alla regola.
Allora alla salute!
Cin cin!

			bere
	io		bevessi
	tu		bevessi
	lei		bevesse
lui *credeva*	noi	non	bevessimo
che	voi		beveste
	loro		bevessero

Con questo sole non mi va di chiudermi subito in casa.
Neanche a me. Che ne diresti di fare una passeggiata nel parco?
È proprio quello che pensavo io.
Forse *sarebbe bene che dessimo* un colpo di telefono a casa.
D'accordo, ci penso io!

		dare	
	io	dessi	
	tu	dessi	
sarebbe bene	Lei	desse	un colpo di
che	noi	dessimo	telefono a
	voi	deste	casa
	loro	dessero	

Come vola il tempo!
Davvero! Mi sembra ieri che facevamo progetti per le vacanze e invece è passato più di un mese.
È poi andata in Grecia?
No, ho dovuto rimandare il viaggio per motivi di salute.
Mi dispiace! *Non sapevo che stesse* male, altrimenti mi sarei fatta viva.
Non si preoccupi!

		stare	
lei *non sapeva che*	io	stessi	male
	tu	stessi	
	lui	stesse	
	noi	stessimo	
	voi	steste	
	loro	stessero	

I.6. Completate i dialoghi con la forma conveniente dei seguenti verbi: dare, dire, fare, stare, bere.

Chi ha aperto questa lettera?
Sono stato io. Scusa, credevo che *fosse* per me.
Un'altra volta leggi bene l'indirizzo!

1. Per fortuna non abbiamo incontrato la polizia!
Se sei in regola, non devi avere paura.
Temevo che mi .... la multa per le gomme lisce.

2. Perché si preoccupa per Suo marito, signora?
Perché è voluto uscire sebbene .... poco bene.
Se è uscito, vuol dire che non si sentiva poi tanto male.

3. Ho un po' di mal di stomaco.
Allora sarebbe meglio che non .... più, Carlo!
Hai ragione. Finisco questo bicchiere e poi basta per stasera.

4. La questione non è semplice ma si può risolvere.
Speravo appunto che Lei mi .... un consiglio.
Dia tempo al tempo!

5. Dunque hai deciso di cercare lavoro all'estero?
Sì, però vorrei che tu non lo .... ancora ai miei.
Sta' tranquillo! So come sono i genitori.

I.7. Leggete i seguenti dialoghi:

Ieri sera Maria è stata in pensiero per me. *Temeva che avessi avuto* un incidente.
Possibile che debba pensare sempre alle disgrazie?
Il fatto è che quando ritardo di solito le telefono.
Se è così, ha ragione lei.

		avere		
lei *temeva che*	io	avessi	un avuto	un incidente
	tu	avessi		
	lui	avesse		
	noi	avessimo		
	voi	aveste		
	loro	avessero		

Hai visto com'è abbronzata Lucia?
Davvero! *Non sapevo che fosse stata* al mare.

È stata dieci giorni in Riviera.
Mi chiedo come abbia fatto a diventare così nera in soli dieci giorni!
Ha la carnagione scura, perciò si abbronza presto.

	essere			
lui *non sapeva che*	io	fossi	stat o/a	al mare
	tu	fossi		
	lei	fosse		
	noi	fossimo	stat i/e	
	voi	foste		
	loro	fossero		

Dove ha imparato così bene l'italiano?
L'ho studiato da sola.
È incredibile! Io *pensavo che avesse frequentato* un corso.
Avevo intenzione di farlo, ma poi ho visto che ci riuscivo da sola.
È brava!
No, semplicemente sono portata per le lingue.

	frequentare			
lui *pensava che*	io	avessi	frequentato	un corso
	tu	avessi		
	lei	avesse		
	noi	avessimo		
	voi	aveste		
	loro	avessero		

Non sapevo che Aldo *avesse preso* la laurea con 110 e lode.
E per giunta ha trovato subito un lavoro.
L'ho sempre detto che è nato con la camicia!
È certamente fortunato, però bisogna riconoscere che è un ragazzo in gamba!

	prendere			
lei *non sapeva che*	io	avessi	preso	la laurea
	tu	avessi		
	lui	avesse		
	noi	avessimo		
	voi	aveste		
	loro	avessero		

Che stupido che sono! Sono quasi al verde e non ho pensato che domani le banche sono chiuse.
Non immaginavo che avessi finito i soldi, altrimenti te l'avrei ricordato io.
Ora come faccio?
Purtroppo sono a corto anch'io.
Vuol dire che mi farò cambiare un assegno da qualcuno.

	finire			
lei *non immaginava che*	io	avessi	finito	i soldi
	tu	avessi		
	lui	avesse		
	noi	avessimo		
	voi	aveste		
	loro	avessero		

I.8. Completate i dialoghi secondo il modello:

a) Credo che Marco abbia trovato un lavoro fisso.
Credevo anch'io che l'avesse trovato, ma non è così.

1. Credo che Marco abbia trovato un lavoro fisso.
....

2. Credo che Aldo abbia comprato un televisore a colori.
....

3. Credo che Sergio abbia aperto un conto in banca.
....

4. Credo che Mario abbia chiesto un anticipo sullo stipendio.
....

5. Credo che Ugo abbia seguito un corso di spagnolo.
....

b) Penso che Anna non sia ancora partita.
Io pensavo che fosse già partita!

1. Penso che Anna non sia ancora partita.
....

2. Penso che Lucia non sia ancora arrivata.
....

3. Penso che Paola non sia ancora tornata.
....

4. Penso che Rita non sia ancora uscita.
....

5. Penso che Laura non sia ancora scesa.
....

I.9. Conversazioni

Se vuoi dare l'esame, *devi* studiare sul serio, Franco.
Studio, ma ogni tanto ho bisogno di fare una pausa.
Se non ti sbrighi, non ce la farai.
Non preoccuparti! Sono a buon punto.

Mi pare che stasera Giulio abbia alzato il gomito.
Il guaio è che beve sempre come una spugna.
E per giunta fuma una sigaretta dopo l'altra.
Se continuerà di questo passo, *finirà* male.

A proposito: ha poi trovato ùna ragazza alla pari?
No. Avrebbe per caso qualcuna di Sua conoscenza da propormi?
Così su due piedi non saprei. Dovrei pensarci.
Se la trova, mi avverta subito, per favore!
Non dubiti!

I.10 Completate ora i seguenti dialoghi con la forma conveniente dei verbi indicati a parte:

Devo restare a letto, dottore? No, se non *ha* la febbre *può* alzarsi. Meno male! Mi annoio a stare a letto se non dormo.	(avere/potere)
1. Noi usciamo. Tu che fai? Se mi ...., ... anch'io con voi. D'accordo, ma sbrigati!	(aspettare/uscire)
2. Prima di partire dovresti salutare Anna. Non ne ho nessuna voglia. Capisco, ma se non la ...., ...	(salutare/offendersi)
3. Mi servirebbe una macchina da scrivere. Se la .... a Mauro, te la .... sicuramente. Lo so, ma la sua scrive malissimo.	(chiedere/prestare)
4. Non riesco a parlare con il dottor Sarti. Se gli .... a casa dopo le nove, lo ...., signora. Lo so, ma non vorrei disturbarlo all'ora di cena.	(telefonare/trovare)
5. L'ufficio che cerca si trova in centro. Allora mi conviene andare a piedi? Sì. Se .... quella strada, ci .... in cinque minuti.	(prendere/arrivare)

I.11. Conversazioni

Vuol favorire, signorina?
No, grazie, non ho appetito.
Non farà mica complimenti?
No, veramente. *Se avessi* appetito, lo *direi*.

Se ci fosse del filetto, lo *prenderesti* volentieri?
No, ne ho fin sopra i capelli della carne.
Che ti andrebbe allora?
Non so... Forse del formaggio.

Maria ti prega di richiamarla.
Mi mette pensiero! Sono sicuro che mi attacca un bottone come al solito.
Allora *se fossi* in te, *non* le *telefonerei*.
Mi fa pena perché è sola.
Non è mica una bambina!

I.12. Ed ora completate i seguenti dialoghi secondo il modello:

a) Se Marco spende tanto, vuol dire che guadagna bene.
Certo! Se non guadagnasse bene, non spenderebbe tanto.

1. Se Marco spende tanto, vuol dire che guadagna bene.
   ....
2. Se Lucio lavora tanto, vuol dire che pensa alla carriera.
   ....
3. Se Marta dorme tanto, vuol dire che è stanca morta.
   ....
4. Se Gianni corre tanto, vuol dire che conosce bene la strada.
   ....
5. Se Laura studia tanto, vuol dire che è soddisfatta del corso.
   ....

b) Marco spende tanto perché guadagna bene, vero?
Spenderebbe lo stesso anche se non guadagnasse bene.

1. Marco spende tanto perché guadagna bene, vero?
   ....
2. Lucio lavora tanto perché pensa alla carriera, vero?
   ....
3. Marta dorme tanto perché è stanca morta, vero?
   ....
4. Gianni corre tanto perché conosce bene la strada, vero?
   ....
5. Laura studia tanto perché è soddisfatta del corso, vero?
   ....

I.13. Conversazioni

E poi si dice che le poste italiane non funzionano!
Hai la prova contraria?
Sì. Una lettera di Marta da Torino mi è arrivata in tre giorni.
Incredibile! Era forse un espresso?
No, una lettera semplice. *Se fosse stato* un espresso, *ci avrebbe messo* anche di meno.

Vede quella villetta lassù?
Dice quella con le persiane verdi?
Sì. Le piace?
Non è il tipo di casa che preferisco, ma non potrei dire che sia brutta.
A me piace molto. Tempo fa era in vendita per centocinquanta milioni: *se avessi avuto* quella somma, *l'avrei comprata* ad occhi chiusi.

Levami una curiosità!
Dimmi!
Quanto l'hai pagato questo costume?
Trentacinquemila lire. Ti sembra caro?
Insomma! *Se fossi andata* alla Rinascente, *avresti risparmiato*.
Ma forse avrei trovato qualcosa di più scadente.
Non è detto. Ci si trovano anche articoli fini.

Ieri sera ho speso un capitale per parlare al telefono con i miei.
Se avessi fatto una chiamata «erre», *avrebbero pagato* loro.
Non sapevo che si potesse fare.
Avresti potuto informarti prima di chiedere la comunicazione.

II.1. Esercizi scritti

1. Completate i seguenti dialoghi secondo il modello:

Peccato che John non abbia dato l'esame!
Forse l'avrebbe superato.
Se l'avesse dato, l'avrebbe superato certamente.

1. Peccato che John non abbia dato l'esame! Forse l'avrebbe superato.
   ....
2. Peccato che Giorgio non abbia portato la macchina! Forse l'avrebbe usata.
   ....
3. Peccato che Luisa non abbia ricevuto l'invito! Forse l'avrebbe accettato.
   ....
4. Peccato che Marco non abbia chiesto la borsa! Forse l'avrebbe ottenuta.
   ....
5. Peccato che Anna non abbia cercato Mario! Forse l'avrebbe trovato.
   ....

2. Completate i seguenti dialoghi secondo il senso:

Mercoledì sei andato fuori?
Sì, sono andato a Roma.
Peccato! *Se l'avessimo saputo, ci saremmo venuti anche noi.*
Mi dispiace! Non immaginavo che voleste venirci.

1. Suppongo di non essere molto simpatico alla signora Lisi.
   Da che cosa l'hai capito?
   Stamattina l'ho incontrata e non mi ha salutato.
   È chiaro che non ti ha visto. Se ....
   Sarà come dici tu!

2. Beati voi che siete stati al mare!
   Tu non sei andato in vacanza?
   No. Non avevo prenotato in tempo l'albergo, perciò non ho trovato posto.
   Se .... con un anno di anticipo come noi, ...

3. Quanto ti è venuto a costare questo appartamento?
   Fra tutto più di novanta milioni.
   Certo che se .... un anno fa, ... molto di meno.
   Lo so; in un anno i prezzi sono saliti alle stelle.

4. In che stagione ha visitato la Sicilia?
   D'estate. Non Le dico che caldo faceva!
   Se .... in primavera, ...
   Lo so, ma non avevo scelta.
   Già! Dimenticavo che Lei ha le ferie in luglio.

5. Quanto tempo ci hai messo per arrivare a Milano?
   Sette ore.
   Non sono poche!
   Sì, ma se .... il treno, ...
   Però non ti saresti stancato a guidare.

3. Come sopra:

a) Carla andrebbe a vivere da sola, ma non trova un appartamento.
   Se trovasse un appartamento, andrebbe a vivere da sola.

b) Carla sarebbe andata a vivere da sola, ma non ha trovato un appartamento.
   Se avesse trovato un appartamento, sarebbe andata a vivere da sola.

1. Marco cambierebbe la macchina, ma non ha abbastanza soldi.

   ....

2. Luisa avrebbe ripreso gli studi, ma non ha potuto.

   ....

3. Sergio e Marta avrebbero finito il lavoro, ma non hanno avuto tempo.

   ....

4. Noi saremmo partiti in aereo, ma non abbiamo trovato i posti.

   ....

5. Io potrei chiedere i soldi ai miei, ma non voglio.

   ....

4. Completate ora le frasi immaginando di essere voi stessi a parlare:

1. Se avessi vent'anni, ...
2. Se fossi indipendente, ...
3. Se avessi tanti milioni, ...
4. Se fossi al posto Suo, ...
5. Se tornassi indietro, ...

5. Come sopra:

1. Se l'ingresso fosse stato libero, ...
2. Se quel giorno i musei non fossero stati chiusi, ...
3. Se Lei avesse telefonato a Sandro prima delle sei, ...
4. Se domenica scorsa voi foste venuti con noi, ...
5. Se ieri sera tu avessi aspettato ancora un po', ...

II.2. Come si dice

Vuole una sigaretta?
No, grazie, non fumo.
È brava! Io, invece, fumo come un turco.

Suo marito non prende mai le vacanze?
No, lavora come un negro.
Se continua così, finirà per rovinarsi la salute.

Ricordi qual è la formula dell'acqua?
No. La chimica è arabo per me.
Si tratta di una formula semplicissima: H_2O.

La tua macchina comincia a diventare vecchia: sarebbe ora di cambiarla.
Non ho mica lo zio d'America!
Con quello che guadagni, avresti potuto mettere da parte un bel po' di soldi.

II.3. Luoghi comuni sugli italiani

Gail Non avrei mai detto che tu fossi italiano. 1

Mario Perché sono biondo ed ho gli occhi chiari? 2

Gail Sì, e anche perché sei piuttosto alto. 3

Mario Credevi forse che tutti gli italiani fossero piccoli e bruni e avessero occhi scuri? 4

Gail Certamente no, comunque direi che tu non abbia un aspetto tipicamente italiano. 5

Mario Vedo che sei ancora legata all'immagine che spesso all'estero si ha degli italiani. 6

Gail Forse hai ragione. Ho ripetuto un luogo comune. 7

Mario Infatti. In realtà l'aspetto degli italiani varia da regione a regione. ◎ 8

II.4. Rispondete alle seguenti domande:

1. Che cosa non avrebbe mai detto Gail?
2. Per quali motivi non pensava che Mario fosse italiano?
3. Quale sarebbe, secondo Gail, l'aspetto dell'italiano tipico?
4. In realtà l'aspetto degli italiani è uguale?
5. Saprebbe spiegare il significato dell'espressione «luogo comune»?

III.1. Riflessione grammaticale

1. Come abbiamo visto nell'Unità 22, il congiuntivo si usa nei seguenti casi:

a)

Volevo Preferivo Bisognava	che	Marco	venisse

b)

Credevo Pensavo Poteva darsi Dubitavo Era meglio Non sapevo	che	Marco	venisse fosse venuto
Non sapevo Mi chiedevo	se	Marco	venisse fosse venuto

c)

Ero contento Speravo Mi auguravo Temevo	che	Marco	venisse fosse venuto

d) se il verbo della frase principale è al *condizionale semplice o composto*:

Vorrei Preferirei Bisognerebbe Sarebbe meglio		che	Marco	venisse
Avrei voluto Avrei preferito Sarebbe stato meglio		che	Marco	venisse fosse venuto
Però	Direi	che	Marco	abbia ragione abbia avuto fortuna

Attenzione!

Pensavo Speravo	che	Marco	venisse

Marco	pensava sperava	di	venire

Speravo Aspettavo	che	tu Lei voi loro	venissi venisse veniste venissero

Speravi Sperava Speravate Speravano	di	venire?

Poteva darsi Era meglio	che	io venissi

Pensavo Speravo	di	venire

2. Per concludere, vediamo come si mette in relazione il congiuntivo della frase dipendente con il verbo della frase principale:

a)

Penso *Spero* *Può darsi* Dubito	che	Marco	domani adesso ieri	*sia* (sarà) *sia* *sia stato*	a casa

b)

Pensavo *Speravo* *Poteva darsi* *Dubitavo*	che	Marco	il giorno dopo in quel momento il giorno prima	*fosse* (sarebbe stato) *fosse* *fosse stato*	a casa

c)

Vorrei *Sarebbe meglio*	che	Marco	*restasse* *spendesse*	con noi di meno
Direi *Non potrei dire*	che	Marco	*spenda*	troppo

3. Periodo Ipotetico

Se vuoi dare l'esame, *ipotesi*	devi studiare sul serio. *conseguenza*	(indic. + indic.)
Se potessi, *ipotesi*	vivrei volentieri in Italia. *conseguenza*	(cong. imp. + cond. sempl.)
Se l'avessimo saputo, *ipotesi*	ci saremmo venuti anche noi. *conseguenza*	(cong. trap. + cond. comp.)

In alcune delle precedenti unità abbiamo visto come si costruiscono le frasi che contengono un'ipotesi o una condizione.
Es.: *Se farà bel tempo andrò via*; *Se non sbaglio, gli hai mandato già tre cartoline*; *Se deve guidare Lei*, *Glielo sconsiglio*; ecc.
In questa unità riprendiamo tali strutture grammaticali, chiamate *Periodo Ipotetico*, per mostrare in quali altri modi si può esprimere un'ipotesi o una condizione.

1) Il discorso è riferito *al passato*:

Es.: *Mario ha sbagliato a non comprare quella casa.*
Se l'avesse comprata, avrebbe fatto un affare. (cong. trap. + cond. comp.)

Nota: Nella lingua d'uso non formale al congiuntivo e condizionale si sostituisce di solito l'imperfetto indicativo:

Mario ha sbagliato a non comprare quella casa.
Se la comprava, faceva un affare. (ind. imperf. + ind. imperf.)

Qualche volta la conseguenza di un'ipotesi riferita al passato può essere ancora valida al presente. In questo caso al posto del condizionale composto si userà il condizionale semplice:

Mario ha sbagliato a non comprare quella casa.
Se l'avesse comprata, ora avrebbe un capitale. (cong. trap. + cond. sempl.)

2) Il discorso è riferito *al futuro*:

a) si vuole esprimere una *certezza*

Es.: *Mario, devi assolutamente comprare quella casa.*
Se la compri, fai un affare. (ind. pres. + ind. pres.)

Mario, devi assolutamente comprare quella casa.
Se la comprerai, farai un affare. (ind. fut. + ind. fut.)

b) si vuole esprimere una *probabilità*

Es.: *Mario, pensi di comprare quella casa?*
Se la comprassi, faresti un affare. (cong. imp. + cond. sempl.)

c) si vuole esprimere un *invito a fare qualcosa*

Es.: *Mario, quella casa andrebbe bene per te.*
Se hai i soldi, comprala! (ind. pres. + imperativo)

Schema generale del Periodo Ipotetico

Nel passato

Se Mario	avesse comprato comprava	quella casa	avrebbe fatto faceva	un affare	*certezza* o *probabilità*

Nel futuro

Mario,	se	compri comprerai	quella casa	fai farai	un affare	*certezza*

Mario,	se	comprassi	quella casa	faresti	un affare	*probabilità*

Mario,	se	hai	i soldi,	comprala!	*invito*

III.2. Ed ora formate dei periodi ipotetici partendo dalle seguenti frasi:

Sergio non ti ha aspettato perché aveva fretta.
Se non avesse avuto fretta, ti avrebbe aspettato.

1. Anna non è venuta perché aveva un appuntamento.

   ....

2. Paolo non guida perché non ha con sé la patente.

   ....

3. Lucia non si trova bene a Londra perché non ha studiato l'inglese.

   ....

4. Franco non sa cosa succede nel mondo perché non legge i giornali.

   ....

5. Rita non si è sposata perché non ha trovato la persona giusta.

   ....

III.3. Raccontate il contenuto del dialogo fra la signora Bell e il signor Santi, ricordando i seguenti punti:

lasciare l'Italia / opinione sugli italiani / molti pregiudizi / mandolino / canzoni romantiche / vergognarsi / offendersi / pregi / dare ai nervi / mancanza di puntualità / esperienza diretta / chiasso nei ristoranti / auto che strombazzano / lasciarsi sfuggire l'occasione / saltare agli occhi / interrompere / abitudine di contrattare / dare torto / scomparire / difetti / buone qualità / vivere in Italia / tutto l'oro del mondo /

III.4. Rispondete alle seguenti domande:

1. Nel Suo paese esistono dei pregiudizi verso gli italiani?
2. Lei ha mai conosciuto degli italiani? Se sì, in quale occasione?
3. Quali sono le cose che Le darebbero fastidio se dovesse vivere in Italia?
4. Parla per esperienza diretta o per sentito dire?
5. Saprebbe spiegare la ragione per cui l'aspetto degli italiani varia da regione a regione?

III.5.a. Se siete stati in Italia, raccontate le vostre impressioni sulla gente e sul modo di vita.

III.5.b. Se non siete mai stati in Italia, certamente conoscerete almeno una persona che può parlarvene. Fatele allora le domande necessarie per avere tutte le informazioni che vi interessano.

III.5.c. Molti uomini politici e attori del cinema sono conosciuti anche nel vostro paese. Dite quali, secondo voi, rappresentano l'italiano medio così come appare all'estero.

III.5.d. Parlate della donna italiana sulla base della vostra esperienza diretta o di quanto avete letto o visto al cinema.

IV Esercizio di pronuncia e intonazione

1. *Le doppie consonanti* (bb, cc, ff, gg, ll, mm, nn, pp, rr, ss, tt, vv, zz)

All'inizio non mi pareva che la pensasse così.

Non vorrei che come italiano si offendesse!

Ho fissato un appuntamento con Marcello per le sette.

È ovvio che non si può sempre generalizzare.

Me l'aspettavo che non si lasciasse sfuggire l'occasione.

Non sopporto l'abitudine di contrattare.

Bisognerebbe che io facessi un po' di moto.

Non immaginavo che tu avessi finito i soldi.

Ne ho fin sopra i capelli della carne.

Sono sicuro che Anna mi attacca un bottone.

2. *Frasi esclamative*

Lasciamo andare!

Speriamo che vinca il Milan!

Sapesse come La invidio, signora!

Allora siamo a cavallo!

Alla salute! Cin cin!

Come vola il tempo!

Levami una curiosità!

3. **G** e **Ǧ**

Avevo molti pregiudizi verso gli italiani.

Ora però comincio a vedere anche i loro pregi.

Giulio è un ragazzo in gamba.

Stasera Gianni ha alzato il gomito.

Oggi voglio fare uno strappo alla regola.

Se non ti sbrighi, non ce la farai.

Che ne diresti di fare una passeggiata?

Esistono molti luoghi comuni sugli italiani.

V Test

1. Completate le frasi con la forma conveniente del verbo indicato a parte:

1. Credevo che Brigitte .... tedesca, invece è austriaca. (essere)
2. Non sapevamo che la Fiat .... anche macchine di lusso. (fabbricare)
3. Avrei preferito che Luigi .... la facoltà di Lettere. (scegliere)
4. Sandro vorrebbe che io .... sempre come dice lui. (fare)
5. Direi che Fred .... ancora dei problemi con la lingua. (avere)

2. Completate i seguenti dialoghi secondo il senso:

1. Rita e Lucio amano molto gli animali.
   Non direi. Se li .... davvero, ... almeno un cane.
2. Prima di partire siamo andati a salutare il professore.
   Avete fatto bene. Se non ...., gli ....
3. Secondo me hai sbagliato a non seguire il consiglio di Ada.
   Lo so. Se ...., ora non .... nei guai.
4. Mi pare che Anna stia proprio male.
   Non credo. Se .... davvero, ... in giro.
5. Non so se uscire a prendere una boccata d'aria o fare un pisolino.
   Se .... in te, ... : vedo che caschi dal sonno.

3. In alcune delle seguenti frasi ci sono degli sbagli: trovateli!

1. Supponevamo che Giorgio sia arrivato prima di noi.
2. Credevo che l'italiano fosse più facile.
3. Maria vorrebbe che suo marito non esca tutte le sere da solo.
4. Direi che la vita diventasse sempre più cara.
5. Loro dubitavano che io arrivassi puntuale all'appuntamento.

4. Completate le frasi con le parole mancanti:

1. Nell'ora .... è impossibile girare in macchina.
2. Di solito non bevo, ma stasera voglio fare .... alla regola.
3. Oggi Roberto non sta bene perché ieri sera .... troppo il gomito.
4. Ogni volta che la incontro, Carla mi attacca ....
5. Mario non beve, ma fuma come ....

5. Ed ora fate il test n. 12 che si trova in fondo al libro.

VI.1. Evviva la Svizzera

Taciturni[1] e di malumore[2] sino alla stazione di Domodossola, i miei compagni di scompartimento cominciarono a diventare euforici[3] appena il treno si fu fermato a quella di Briga in territorio svizzero.

«Guarda che differenza!» disse il signore grasso alla signora che gli stava di fronte e che verosimilmente[4] era sua moglie. «Guarda che pulizia, che ordine, che proprietà!...[5] Guarda quelle aiuole,[6] come son tenute, con i fiori annacquati di fresco[7] e che nessuno calpesta,[8] nemmeno i bambini...»

«Eh, sì» interloquì[9] il signore magro che mi sedeva a fianco. «È tutt'un'altra cosa... Guardi le divise[10] degl'impiegati: bene attillate,[11] stirate appuntino,[12] con i galloni[13] al loro posto, senza una macchia[14] né una sdrucitura,[15] i bottoni in ordine...» «E i cessi?[16]» intervenne a sua volta il signore con gli occhiali, appollaiato[17] nell'altro angolo. «Li osservi e mi dica lei... Sembrano cliniche... Il grado di civiltà di un paese, c'è poco da fare, lo si riconosce[18] dai cessi... Scommetto che lì dentro c'è anche la carta igienica bene arrotolata...»

«E che carta!» disse il signore grasso... «Perché in Italia la carta igienica è una vergogna...» «La carta igienica soltanto?» interruppe il signore magro. «Tutto in Italia, è una vergogna... Ecco, guardi lo strillone[19] dei giornali e lo metta a confronto con quello scamiciato,[20] sudato e urlante, che abbiamo visto a Domodossola... Guardi, guardi che dignità nell'offrire la sua merce. Eccolo lì che spinge il suo carrello...»

«Carrello con le gomme» disse il signore con gli occhiali «per non far rumore...»

Animata conversazione fra italiani. I gesti delle mani e l'espressione della faccia sono a volte più eloquenti delle parole stesse.

«Ah, non parliamo poi dei rumori!» disse il signore magro levando le braccia[21] al cielo. «Io fuggo dall'Italia, soprattutto per i rumori. Non si vive più. Arrivo alla sera con la testa talmente frastornata[22] dai clacson, dagli scoppi dei micromotori, dallo stesso modo di salutarti e di parlarti che hanno gl'Italiani... Ehi, ciao!... Come stai?... E tua moglie?... E tuo fratello?... È vero che hai comprato un altro stabilimento?... E urli, pacche[23] sulle spalle, tutto messo in piazza... Guardi quei due Svizzeri là che si parlano... Sembra che preghino... Guardi l'educazione delle loro maniere...» «È un'altra civiltà, c'è poco da dire» sospirò il signore grasso. «Anzi, questa è la civiltà. La nostra...»

Indro Montanelli, *Andata e ritorno*,
Vallecchi, Firenze.

Note

1. Taciturni: senza voglia di parlare; 2. di malumore: con uno stato d'animo incline alla tristezza; 3. euforici: allegri; 4. verosimilmente: con ogni probabilità; 5. proprietà: pulizia; 6. aiuole: tratti di terreno in cui si piantano fiori; 7. annacquati di fresco: ai quali è stata data da poco l'acqua; 8. che nessuno calpesta: sopra cui nessuno passa; 9. interloquì: disse; 10. divise: abiti che portano alcune categorie di persone, come i militari, i ferrovieri, i vari corpi di polizia, ecc.; 11. attillate: strette al punto giusto; 12. appuntino: con molta precisione; 13. galloni: insegne del grado sulle divise; 14. senza una macchia: pulitissime; 15. sdruciture: scuciture (da «scucire», contrario di «cucire»); 16. cessi: toilette, gabinetti; 17. ap*poll*aiato: seduto (la parola è di solito riferita a *polli* o uccelli); 18. *lo* si riconosce: si capisce; il pronome *lo* è riferito a «il grado di civiltà»; 19. strillone: venditore di giornali che grida ad alta voce le notizie più importanti, cercando di far comprare il giornale ai passanti; 20. scamiciato: in maniche di camicia, cioè con la sola camicia; 21. levando le braccia: alzando le braccia; 22. frastornata: stordita, confusa; 23. pacche: colpi dati con la mano aperta.

VI.2. Test

	Vero	Falso
1. Tutti i viaggiatori seduti nello scompartimento sono diventati taciturni quando il treno è entrato in Svizzera.	□	□
2. Secondo il signore magro le divise degli impiegati sono troppo strette.	□	□
3. Il signore magro fugge dall'Italia soprattutto per i rumori.	□	□
4. Per il signore con gli occhiali il grado di civiltà di un paese si riconosce dai gabinetti pubblici.	□	□
5. Al signore grasso piace la Svizzera per la pulizia e l'ordine.	□	□

Unità 25 Una scelta difficile

I.1.

Roberto	Non ti vedo sereno. Cos'è che ti preoccupa?
Ettore	Sto per prendere una grossa decisione.
Roberto	Riguarda il lavoro o la vita privata?
Ettore	Il lavoro. Da tempo sto pensando di cambiare tipo di attività.
Roberto	Come ti è saltata in mente quest'idea?
Ettore	Dopo aver riflettuto a lungo, mi sono convinto che il lavoro attuale non fa per me.
Roberto	Lasciare il certo per l'incerto è un rischio.
Ettore	Nel mio caso non si tratta di rischiare: ho ricevuto un'offerta molto vantaggiosa.
Roberto	Allora che aspetti ad accettarla?
Ettore	C'è un fatto che mi turba.
Roberto	Quale sarebbe questo fatto?
Ettore	Dovrei trasferirmi negli Stati Uniti.
Roberto	Capisco. Avendo moglie e figli, devi fare i conti anche con loro.
Ettore	Non si tratta di questo. Loro non avrebbero niente in contrario.
Roberto	Non penserai mica al problema della lingua?
Ettore	Un po' anche a quello. Non avendo studiato l'inglese a fondo, almeno all'inizio avrei delle difficoltà.
Roberto	E vorresti rinunciare per questo?
Ettore	No, il problema vero è di adattarsi ad un tipo di vita del tutto diverso, e alla mia età non è tanto facile.
Roberto	Qui sono d'accordo con te. È un fatto da non trascurare.
Ettore	Soprattutto perché, fatta la scelta, non si torna indietro.
Roberto	Stando così le cose, bisogna considerare bene i pro e i contro.
Ettore	È appunto quello che sto facendo.

I.2. Leggete i seguenti dialoghi:

Il dottor Martini è un uomo arrivato.
Sì, ma nessuno gli ha regalato niente.
Che intendi dire?
Si è fatto una posizione lavorando sodo per anni.
Nessuno lo mette in dubbio!

	lavor*are*	
lui si è fatto una posizione	lavor*ando*	sodo per anni

So che Maria è all'ospedale.
Cosa le è successo?
Ha battuto la testa cadendo per le scale.
È grave?
No, per fortuna se la caverà in pochi giorni.

	cad*ere*	
lei ha battuto la testa	cad*endo*	per le scale

Sergio è tornato da Genova.
L'hai visto o te l'hanno detto?
L'ho incontrato uscendo dalla banca.
Io non lo vedo da secoli. È cambiato?
No, è sempre lo stesso.

	usc*ire*	
lei ha incontrato Sergio	usc*endo*	dalla banca

Che strumento suona Pollini?
Che domanda! Il pianoforte, naturalmente.
È noto anche all'estero?
Certo! Essendo un pianista di prim'ordine, ha sempre un grande successo di pubblico

essere	
essendo	un pianista di prim'ordine, ha sempre un grande successo

---

Ti faccio una proposta.
Sentiamo!
Pianta tutto e vieni in montagna con me.
Magari potessi!
Avendo bisogno di riposo, devi assolutamente prenderti una vacanza.

avere	
avendo	bisogno di riposo, devi assolutamente prenderti una vacanza

---

Questo telefono deve essere guasto: dà il segnale di occupato dopo la seconda cifra.
Facendo il numero lentamente, vedrai che non succederà.
Ci ho provato, ma è lo stesso.
Strano! Fino a poco fa funzionava bene.

fare	
facendo	il numero lentamente, vedrai che non succederà.

Scusi, c'è Marco?
No, è uscito poco fa dicendo che sarebbe tornato tardi.
Potrei lasciare un messaggio per lui?
Certamente!

dire		
lui è uscito poco fa	*dicendo*	che sarebbe tornato tardi

I.3. Ed ora trasformate le frasi secondo il modello:

a) Se arrivate in ritardo, non potete entrare.
Arrivando in ritardo, non potete entrare.

1. Se arrivate in ritardo, non potete entrare.
....

2. Se giocate a tennis, vi sentirete in forma.
....

3. Se telefonate di notte, spendete di meno.
....

4. Se presentate la domanda in tempo, potrete dare l'esame.
....

5. Se continuate a bere così, finirete male.
....

b) Aldo si è stancato gli occhi perché ha letto troppo.
Aldo si è stancato gli occhi leggendo troppo.

1. Aldo si è stancato gli occhi perché ha letto troppo.

   ....

2. Mario si è rotto una gamba perché è caduto dalla moto.

   ....

3. Antonio si è comportato bene perché ha riconosciuto i propri errori.

   ....

4. Il Milan ha conquistato il primo posto perché ha battuto le altre squadre.

   ....

5. Pietro si è arrabbiato con noi perché ha creduto che ridessimo di lui.

   ....

c) Quando Maria sente questa musica, diventa triste.
Sentendo questa musica, Maria diventa triste.

1. Quando Maria sente questa musica diventa triste.

   ....

2. Quando Anna serve i liquori esagera sempre.

   ....

3. Quando Lucio suona il piano dimentica tutti i suoi problemi.

   ....

4. Quando Aldo segue una partita fuma come un turco.

   ....

5. Quando Laura pulisce la casa sposta tutti i mobili.

   ....

d) Mentre andavo in centro ho incontrato Luigi.
Andando in centro, ho incontrato Luigi.

1. Mentre andavo in centro ho incontrato Luigi.

   ....

2. Mentre giocavo al pallone mi sono fatto male ad una gamba.

   ....

3. Mentre facevo colazione ho ascoltato le notizie alla radio.

   ....

4. Mentre guardavo la televisione ho lavorato a maglia.

   ....

I.4. Osservate la differenza!

Tutte le sere vedo i miei amici *andando* al bar.

Ogni giorno incontro Luisa *tornando* dall'ufficio.

Mi piace osservare la gente *passeggiando* per la strada.

Ho sentito un rumore *venendo* dall'altra stanza.

Tutte le sere vedo i miei amici *che vanno* al bar.

Ogni giorno incontro Luisa *che torna* dall'ufficio.

Mi piace osservare la gente *che passeggia* per la strada.

Ho sentito un rumore *che veniva* dall'altra stanza.

I.5. Conversazioni

Finiamo di mangiare questa torta, altrimenti va a male.
Mettendo*la* in frigorifero, si conserva bene fino a domani.
Speriamo che la panna non diventi acida.
Non dovrebbe succedere.

Lì quel quadro non ha la luce adatta.
Dove lo appenderesti, tu?
Alla parete di fianco alla finestra.
Attaccando*lo* dove dici tu, dovrei spostare un po' il mobile.
Se vuoi, ti aiuto io.

Da dove viene tutta questa polvere?
Da un palazzo in costruzione qui vicino.
Da che parte si trova?
Affacciando*ti* a quella finestra, lo vedi.

Chi poteva immaginare che il legno di quel tavolo fosse così bello?
Infatti era coperto da un sottile strato di vernice.
Come l'hai pulito?
Passando*ci* una sostanza speciale che scioglie la vernice.
Devo dire che hai fatto un ottimo lavoro.

I.6. Completate i seguenti dialoghi secondo il modello:

Mi è piaciuto molto questo disco. Ascoltandolo una seconda volta, si apprezza ancora meglio.	(ascoltarlo)
1. La frutta diventa sempre più cara. .... al mercato, si risparmia qualcosa.	(comprarla)
2. I tuoi amici non mi sono molto simpatici. .... meglio, cambieresti idea.	(conoscerli)
3. Quello che è successo non è poi tanto grave. .... bene, hai ragione tu.	(pensarci)
4. Sto in pensiero per il futuro dei miei figli. ...., non risolvi niente.	(preoccuparsi)
5. Giorgio non pensa mai a pulirsi le scarpe. .... tu, lo abitui male.	(pulirgliele)

I.7. Leggete i seguenti dialoghi:

Al piano di sopra ci deve essere una festa.
Infatti si sente che *stanno ballando*.
È mai possibile che debbano tenere il giradischi a tutto volume?
Che ci vuoi fare: sono dei maleducati!

Sento odore di bruciato. Togli l'arrosto dal fuoco, per favore!
È appunto quello che *sto facendo*.
Si stava bruciando, vero?
Non ancora, ma si era già attaccato.

Oggi il postino è in ritardo.
No, eccolo che *sta arrivando*.
Spero che ci sia posta per me.
Anch'io aspetto una raccomandata.
Se è un espresso, lo porta il fattorino.
Vediamo!

I.8. Osservate ora la differenza!

Hai ancora molto da fare?
No, *sto per finire*.
Allora ti aspetto.

Dovrei ritirare la carta d'identità.
È arrivata giusto in tempo, signora: *stiamo per chiudere*.

È da molto che non vedi Grazia?
No, l'ultima volta che l'ho vista *stava per partire* per Londra.
Allora sono poco più di dieci giorni.

Hai ancora molto da fare?
No, *sto finendo* in questo momento.
Bene, così usciamo insieme.

Dovrei ritirare la carta d'identità.
È arrivata troppo tardi, signora: *stiamo chiudendo*.

È da molto che non vedi Grazia?
No, l'ultima volta che l'ho vista *stava partendo* per Londra.
Allora sono esattamente dieci giorni.

I.9. Ed ora completate i dialoghi secondo il senso:

a) È vero che Maria sta per sposarsi? *Sì, ha già fissato la data del matrimonio.*	(sposarsi)
Aldo non è mai stato in forma come adesso. *Infatti sta vivendo un periodo molto felice.*	(vivere)
1. Che dice Sandro? .... ciò che gli è successo ieri.	(raccontare)
2. Piove ancora a dirotto? No, per fortuna	(smettere)
3. Il signor Rossi deve essere vicino ai sessanta. Sì, infatti .... in pensione.	(andare)
4. È in casa Elena? No, ma ....: sarà qui all'una.	(tornare)
5. Marco fa la corte a Lucia. Secondo me .... tempo.	(perdere)
b) Che faceva Gianni quando sei arrivato? Stava ascoltando dei dischi.	(ascoltare)
Che ne diresti di prendere un caffè? Stavo per farti la stessa proposta.	(farti)
1. Ti ho disturbato telefonando a quest'ora? Assolutamente no.	(leggere)
2. Hai capito cosa ti ho detto? No, scusa, ... ad altro.	(pensare)
3. Ho sentito che Gianni voleva smettere di studiare. ...., ma poi ci ha ripensato.	(smettere)
4. Ha perduto un bottone della giacca? No, l'ho tolto perché	(cadere)
5. Il bambino dorme già? No, però	(addormentarsi)

I.10. Leggete i seguenti dialoghi:

Carlo ci ha messo sei anni per finire l'università.
Avendo lavorato per pagarsi gli studi, è stato bravo lo stesso.

lavor*are* avendo lavorato	per pagarsi gli studi, è stato bravo lo stesso

Vi aspettavo prima.
Infatti saremmo arrivati molto prima se non avessimo avuto un imprevisto.
Cosa vi è successo?
Essendo caduta la neve, siamo dovuti andare a passo d'uomo per molti chilometri.

cad*ere*	
essendo caduta	la neve, siamo dovuti andare a passo d'uomo

Ah, sei già qui?
Come vedi. Essendo uscito a piedi, non ho avuto problemi di parcheggio.
Beato te! Io, invece, ho aspettato venti minuti prima di trovare un posto.

usc*ire*	
essendo uscito	a piedi, non ho avuto problemi di parcheggio

Il signor Massi non ama molto la compagnia, mi pare.
Il fatto è che, essendo stato per tanti anni all'estero, ha perduto di vista quasi tutti gli amici.

essere	
essendo stato	all'estero, ha perduto di vista quasi tutti gli amici

---

Ha potuto visitare bene Firenze?
Sì, l'ho girata in lungo e in largo.
Avrebbe dovuto vedere anche i dintorni.
Avendo avuto più tempo, mi sarebbe piaciuto fare qualche gita, ma non è stato possibile.

avere	
avendo avuto	più tempo, mi sarebbe piaciuto fare qualche gita

I.11. Ed ora trasformate le frasi secondo i modelli:

Poiché abbiamo speso tutti i risparmi, dobbiamo rinunciare alle vacanze.
Avendo speso tutti i risparmi, dobbiamo rinunciare alle vacanze.

Poiché siamo arrivati tardi, abbiamo perduto l'inizio del film.
Essendo arrivati tardi, abbiamo perduto l'inizio del film.

Poiché aveva dormito poco, Paolo non era in grado di lavorare.
Avendo dormito poco, Paolo non era in grado di lavorare.

1. Poiché hai sbagliato a riempire il modulo, devi fare tutto da capo.

   ....

2. Poiché è venuto a piedi, Giulio non ha avuto problemi di parcheggio.

   ....

3. Poiché aveva fatto le ore piccole, stamattina Rita ha dormito fino alle dieci.

   ....

4. Poiché ho corso tutto il giorno, ora ho voglia di fare una doccia.

   ....

5. Poiché sono vissuti tanti anni all'estero, i Rossi hanno pochi amici qui.

   ....

I.12. Conversazioni

a) Secondo me, Lucio è troppo interessato. È vero: fa soltanto ciò che gli conviene. E *dopo aver raggiunto* il suo scopo, dimentica chi l'ha aiutato.	Secondo me, Lucio è troppo interessato. È vero: fa soltanto ciò che gli conviene. E, *raggiunto* il suo scopo, dimentica chi l'ha aiutato.
b) *Dopo essere uscita* di casa mi sono accorta di non avere le chiavi. E adesso come fai? Suonerò il campanello. Ma così sveglierai i tuoi. Pazienza! Non c'è altro da fare.	*Uscita* di casa, mi sono accorta di non avere le chiavi. E adesso come fai? Suonerò il campanello. Ma così sveglierai i tuoi. Pazienza! Non c'è altro da fare.
c) Mio figlio mi fa disperare. Perché, signora? È sempre nervoso. *Dopo aver superato* gli esami, sarà più sereno. Speriamo bene!	Mio figlio mi fa disperare. Perché, signora? È sempre nervoso. *Superati* gli esami, sarà più sereno. Speriamo bene!

I.13. Trasformate ora le seguenti frasi secondo il modello:

a) Dopo essere partita da Venezia, Laura non ha dato più notizie.
Partit*a* da Venezia, Laur*a* non ha dato più notizie.

1. Dopo essere arrivati a Bologna, abbiamo trovato il tempo brutto.

....

2. Dopo essere salite in ascensore, si sono accorte che non funzionava.

....

3. Dopo essere tornata dalle vacanze, Carla ha ripreso volentieri a lavorare.

....

b) Dopo aver accompagnato Carla, siamo tornati subito a casa.
Accompagnat*a* Carl*a*, siamo tornati subito a casa.

1. Dopo aver pagato il conto, Maria è rimasta con poche lire.

....

2. Dopo aver passato una settimana al mare, Giulio si sente un altro.

....

3. Dopo aver preso le medicine, il signor Radi ha cominciato subito a stare meglio.

....

I.14. Rispondete ora alle seguenti domande:

1. Perché Ettore non è sereno?
2. Che cosa sta facendo da tempo?
3. Come gli è saltata in mente quell'idea?
4. Perché Ettore non rischia lasciando il lavoro attuale?
5. Perché è in dubbio se accettarla o no?
6. Cosa dovrebbe fare se accettasse quell'offerta?
7. Perché pensa al problema della lingua?
8. Qual è il problema vero per Ettore?

II.1. La fuga dei cervelli

Thomas Mi risulta che diversi intellettuali italiani scelgono di lavorare in altri paesi. È vero? 1

Franco Sì. Trasferendosi all'estero, sperano di trovare condizioni migliori. 2

Thomas Dal punto di vista economico?

Franco Anche, ma non soltanto da questo. 3

Thomas Forse in Italia non esiste la libertà di insegnamento?

Franco Sì, esiste, ma il compito di un professore universitario non è solo quello d'insegnare. 4

Thomas Naturalmente egli deve fare anche la ricerca scientifica. 5

Franco Ed è proprio questo il punto. Tenuto conto degli scarsi mezzi di cui dispongono per la ricerca, alcuni preferiscono lasciare l'Italia. ◎ 6

II.2. Rispondete alle seguenti domande:

1. Perché diversi intellettuali italiani scelgono di lavorare in altri paesi?
2. Quali sono i compiti di un professore universitario?
3. Qual è il motivo principale per cui, secondo Franco, alcuni intellettuali lasciano l'Italia?
4. Saprebbe spiegare con altre parole il senso dell'espressione «fuga dei cervelli»?

III.1. Riflessione grammaticale

A) Come abbiamo visto, il *gerundio semplice* esprime un rapporto di *contemporaneità* con il verbo della frase principale, indipendentemente dal fatto che quest'ultimo si trovi al futuro, al presente o al passato:

Continuando	a bere così,	*finirete* male.

Avendo	moglie e figli,	*deve* fare i conti anche con loro.

Lavorando	sodo per anni,	*si è fatto* una posizione.

Il *gerundio semplice* si usa di solito quando il soggetto della frase dipendente è lo stesso della frase principale:

Ho visto Marco	*andando*	in centro.	(io - io)
Ho visto Marco	*che andava*	in centro.	(io - lui)

Esso si può usare in modo indipendente soltanto quando il senso della frase risulta assolutamente chiaro:

L'appetito vien *mangiando*.
Stando così le cose, bisogna considerare bene i pro e i contro.

2) Abbiamo anche visto che il *gerundio composto* esprime l'idea di un'azione precedente ad un'altra e indica la causa o la condizione per cui essa è accaduta:

Essendo stato all'estero, *ha perduto* di vista quasi tutti gli amici.
(Poiché è stato all'estero)

Avendo avuto più tempo, mi *sarebbe piaciuto* fare qualche gita.
(Se avessi avuto più tempo)

Avendo comprato la casa, *dobbiamo* rinunciare alle vacanze.
(Poiché abbiamo comprato la casa)

3.

Mettendo*la*	in frigorifero,	la torta si conserva
Pulendo*gli*	le scarpe,	lo abitui male
Pensando*ci*	bene,	conviene spendere tutto
Affacciando*ti*	alla finestra,	vedi un panorama magnifico
Avendo*le*	studiate da giovane,	ho imparato facilmente le lingue
Avendo*gli*	telefonato,	hai fatto il tuo dovere
Essendo*si*	svegliata prima,	Maria avrebbe potuto prendere il treno delle nove.

4.

Sandro è nervoso perché	*sta*	*per prendere*	una decisione
Quando siamo entrati, il film	*stava*	*per cominciare*	

5.

Anna mangia poco perché	*sta*	*facendo*	la dieta
Quando siamo arrivati, Carlo	*stava*	*facendo*	colazione.

6.

Dopo aver pagato il conto, Dopo aver comprato la macchina, Dopo aver fatto i conti, Dopo aver pagato le tasse,		rimarrò sono rimasto	al verde
Pagat*o* Comprat*a* Fatt*i* Pagat*e*	il cont*o*, la macchin*a*, i cont*i*, le tass*e*,	rimarrò sono rimasto	al verde
Dopo essere partit*o* Dopo essere salit*a* Dopo essere tornat*i* Dopo essere sces*e*	per Parigi, in ascensore, dalle vacanze, dall'autobus,	Sergi*o* non ha dato più notizie Mari*a* ha visto che non funzionava i miei amic*i* sono venuti a trovarmi Carl*a* e Rit*a* hanno fatto una passeggiata.	
Partit*o* Salit*a* Tornat*i* Sces*e*	per Parigi, in ascensore, dalle vacanze. dall'autobus,	Sergi*o* non ha dato più notizie Mari*a* ha visto che non funzionava i miei amic*i* sono venuti a trovarmi Carl*a* e Rit*a* hanno fatto una passeggiata.	

III.2. Raccontate il contenuto del dialogo fra Ettore e Roberto, ricordando i seguenti punti:

non sereno / grossa decisione / lavoro o vita privata / riflettere a lungo / lavoro attuale / lasciare il certo per l'incerto / offerta vantaggiosa / turbare / trasferirsi / moglie e figli / studiare l'inglese a fondo / adattarsi ad un nuovo tipo di vita / fatto da non trascurare / pro e contro /

III.3. Rispondete alle seguenti domande:

1. Cosa pensa del Suo lavoro attuale?
2. Cosa farebbe se ricevesse un'offerta più vantaggiosa?
3. Se dovesse trasferirsi in un altro paese, il problema della lingua La preoccuperebbe? Perché?
4. Alla Sua età sarebbe difficile adattarsi ad un tipo di vita diverso?
5. Nel Suo paese esiste il fenomeno della fuga dei cervelli? Da che cosa dipende, secondo Lei?

III.4.a. Se vi siete trovati nella situazione di Ettore, raccontate come sono andate le cose.

III.4.b. Se non avete mai cambiato attività, parlate dei pro e dei contro del vostro lavoro attuale.

III.4.c. Se non avete cominciato ancora a lavorare, parlate del tipo di attività che vi piacerebbe fare.

IV Esercizio di pronuncia e intonazione

1. *Le doppie consonanti* (bb, cc, ff, gg, ll, pp, rr, ss, tt, vv)

Cos'è che ti preoccupa?

Ho ricevuto un'offerta molto vantaggiosa.

Qui sono d'accordo con te.

Il dottor Martini è un uomo arrivato.

Nessuno lo mette in dubbio!

Il pianista ha avuto un grosso successo di pubblico.

Potrei lasciare un messaggio per Giuseppe?

Pietro si è arrabbiato con me.

È appunto quello che sto facendo.

Se è un espresso, lo porta il fattorino.

2. «P» e «B»

Sto pensando di cambiare tipo di attività.

Mi turba il problema della lingua.

Ho preso il raffreddore in piena estate.

La Lazio ha battuto la Roma per due a zero.

Speriamo che la panna non diventi acida.

Ha potuto visitare bene Firenze?

3. «T» e «D»

È difficile adattarsi ad un tipo di vita tanto diverso.

Fatta la scelta, non si torna indietro.

Sentendo questa musica, Maria diventa triste.

Guardando la televisione, ho lavorato a maglia.

Stando così le cose, non si tratta di rischiare.

Maria è all'ospedale perché ha battuto la testa cadendo.

V Test

1. Completate le frasi con le lettere mancanti:

1. Pres... una decisione, non si torna indietro.
2. Considerat... bene tutti i vantaggi, ti conviene accettare quell'offerta.
3. Partit... da Milano alle tre, Luisa è arrivata soltanto alle dieci.
4. Scritt... la lettera per Teresa, uscirò per andare alla posta.
5. Finit... le ferie, tutti tornano in città.

2. Completate i dialoghi con la forma conveniente del verbo indicato a parte:

1. Marco esce tutte le sere.
   Che male c'è? .... giovane, gli piace divertirsi. (essere)
2. .... sodo per tanti anni, è giusto che ora si riposi. (lavorare)
   Il fatto è che non riesco a stare senza far niente.
3. Hai ancora mal di testa?
   No, per fortuna mi .... (passare)
4. Che ne dici: servirà l'ombrello?
   Certo! Non vedi che ....? (piovere)
5. .... al telefono con Ugo, ho saputo che è stato fuori. (parlare)
   Ora capisco perché non si è fatto vivo per tanti giorni!

3. Mettete al posto giusto il pronome indicato a parte:

1. guardando, si vede subito che Antonio non sta bene. (lo)
2. mettendo un vestito dell'anno scorso, Anna ha scoperto di essere un po' ingrassata. (si)
3. essendo rimasti pochi giorni, non abbiamo potuto vedere bene anche i dintorni. (ci)
4. avendo saputo in tempo, sarei venuto anch'io con voi. (lo)
5. andando, Sergio ha detto che sarebbe tornato presto. (sene)

4. Completate le frasi con le preposizioni convenienti:

1. L'unica lingua che conosco .... fondo è il francese.
2. Come ti è saltata .... mente quest'idea?
3. Purtroppo non c'è altro .... fare.
4. Siamo dovuti andare .... passo .... uomo.
5. Ho girato il mondo .... lungo e .... largo.

5. Ed ora fate il test n. 13 che si trova in fondo al libro.

VI.1. Regista e attori all'opera

Sul pianerottolo[1] dove abita il professore[2] e sulle scale che vanno al piano di sopra ci sono grandi casse di legno sparse[3] un po' dappertutto[4] che fanno pensare ad un trasloco[5].
«Va bene così signor Visconti?» dice uno degli operai spostando una cassa; Visconti scherzoso: «Sì ma vedo te e non è una vista troppo gradevole[6]». Operatore[7]: «Il signor Lancaster mi copriva un po' troppo il poliziotto con la falda[8] del cappello».
L'operatore misura con un centimetro la distanza tra Lancaster e la macchina da presa[9]. Visconti al poliziotto: «Aspetti il mio via[10] lei... pronti[11]... azione». Maresciallo[12] al professore: «Dunque lei non conosce questo signor Hübel?». Lancaster: «Lei mi ha chiesto se abita presso di me, ed io le ho risposto di no». Maresciallo: «Ma lo conosce almeno?»; professore: «L'ho incontrato perché è ospite degli inquilini che hanno preso in affitto un appartamento di mia proprietà». Maresciallo: «Le saremmo grati...», ora è il poliziotto a sbagliare la battuta[13]. L'azione si interrompe di nuovo. Visconti: «all right again»[14]. Tecnico del suono: «Cambio il sonoro[15] signor Visconti». Visconti ripetutamente: «Cambiato il sonoro?... cambiato il sonoro?». «Un attimo signor Visconti». Visconti: «Sei lungo... cambiato il sonoro?». «Un attimo signor Visconti». «Stop bien»[16], dice il regista dopo aver girato anche i primi piani. Operatore: «Questa era very very nice»[17]. Visconti ridendo: «meglio di Bresson?»[18].
Ora si fanno i provini[19] per le fotografie e Lancaster ripete gli stessi gesti e atteggiamenti di prima, uno dopo l'altro velocemente come se fosse[20] una mannequin, poi esce fingendo di ballare[21] uno shake. Si entra in casa del professore: appartamento lussuosamente arredato[22] con mobili di varie epoche dal Luigi XIV all'800 inglese; soffitti affrescati[23], boiseries[24], divani in velluto[25] e in pelle, argenti[26], porcellane, bronzi del Rinascimento: le pareti sono tappezzate di "conversation pieces" (quadri dell'ottocento che rappresentano scene di società o di costume[27]) di cui il professore è appassionato collezionista. Nell'appartamento c'è anche una stanza segreta dove la madre del professore che era italiana aveva nascosto durante la guerra[28] degli ebrei perseguitati dai nazisti. Dalla terrazza dell'appartamento ci si affaccia su una Roma ideale completamente ricostruita. Visconti si è chiuso nel suo salotto privato assieme al primo assistente Albino Cocco e agli altri assistenti. Gli operai, i meccanici, gli elettricisti si riposano seduti sui divani di velluto coperti dalle housses[29] in attesa che Visconti abbia deciso la prossima inquadratura[30].

Luisa Spagnoli, da *Il Mondo*, 26 settembre 1974

Note

1. pianerottolo: spazio piano fra due file di scale; 2. il professore: uno dei protagonisti del film (*Gruppo di famiglia in un interno*, del regista Luchino Visconti), interpretato da Burt Lancaster; 3. sparse: messe qua e là, senza ordine; 4. dappertutto: in ogni luogo; 5. trasloco: cambiamento di casa; 6. gradevole: che fa piacere; 7. Operatore: chi riprende le scene durante la lavorazione di un film; 8. falda: parte del cappello che si estende in senso orizzontale tutt'intorno alla testa; 9. macchina da presa: macchina per riprese cinematografiche; 10. il... via: segnale d'inizio o di partenza; 11. pronti!: grido prima del segnale di partenza (Pronti!... via! si usano di solito nelle competizioni sportive); 12. Maresciallo: è il grado più alto per i sottufficiali; 13. battuta: frase che deve dire un attore; 14. «all right again»: bene, di nuovo (il regista usa l'inglese perché il film è girato in quella lingua); 15. il sonoro: colonna sonora, materiale su cui vengono registrati i suoni di un film; 16. «Stop bien»: Alt, bene (francese); 17. very very nice: bellissima; 18. Bresson: famoso regista francese; 19. provino: brevissima serie di riprese per scegliere le immagini migliori; 20. come se fosse: per l'uso del congiuntivo imperfetto, vedere la unità 24; 21. fingendo di ballare: muovendosi come se ballasse davvero; 22. lussuosamente arredato...: ammobiliato con lusso; 23. soffitti affrescati: stanze con la parte superiore coperta da affreschi; 24. boiseries: pareti coperte di legno (francese); 25. velluto: tipo di stoffa; 26. argento: metallo prezioso, al plurale significa "oggetti d'argento"; 27. scene... di costume: scene tipiche di un ambiente sociale o di un'età storica; 28. guerra: la seconda guerra mondiale; 29. housses: fodere (francese); 30. inquadratura: immagine cinematografica.

Il regista Luchino Visconti, a destra, seduto, durante la lavorazione del film *Gruppo di famiglia in un interno.*

VI.2. Test

	Vero	Falso
1. Il professore e il maresciallo sono due protagonisti del film che si sta girando.	☐	☐
2. Il professore non conosce il signor Hübel.	☐	☐
3. Dopo aver fatto i provini per le fotografie, Lancaster esce ballando uno shake.	☐	☐
4. L'appartamento del professore è arredato con lusso.	☐	☐
5. Il professore è appassionato collezionista di quadri di varie epoche.	☐	☐
6. La madre del professore era italiana.	☐	☐
7. Dalla terrazza dell'appartamento si vede tutta Roma.	☐	☐

Italienisch-Deutsches Wörterverzeichnis zu Unità 14–25

Innerhalb jeder Unterrichtseinheit (Unità) sind die neu auftretenden Wörter alphabetisch geordnet. Da jede Unità in zahlreiche Unterkapitel gegliedert ist, bietet sich diese alphabetische Anordnung für einen raschen Zugriff beim Aufsuchen der entsprechenden deutschen Übersetzung besonders an.
Redewendungen sind alphabetisch bei dem Wort eingeordnet, das für die Bedeutung entscheidend ist; so erscheint z. B. *tutt'intorno* unter dem Stichwort *intorno, per mezzo di* unter *mezzo.*
Für jedes Wort wird grundsätzlich nur die Bedeutung angegeben, die es in dem jeweils vorliegenden Kontext hat.

Verwendete Abkürzungen:

agg.	aggettivo (Adjektiv)	*m*	maschile (männlich)
avv.	avverbio (Adverb)	*pl.*	plurale (Plural)
cong.	congiunzione (Konjunktion)	*pr.*	pronome (Pronomen)
f	femminile (weiblich)	*prep.*	preposizione (Präposition)
j–m	jemandem	qc.	qualcuno (jemand)
j–n	jemanden	*sing.*	singolare (Singular)

Unità 14

abituale	gewohnt
accompagnare	begleiten
ammettere	zugeben
ampio	groß, weit
anziano	alt, älter
l'architetto *m*	der Architekt
l'arco *m*	der Bogen
l'arco di tempo	die Zeitspanne
l'aspetto *m*	die Seite, der Aspekt
l'attrezzatura *f*	die Einrichtung
aumentare	wachsen, steigen
l'autostrada *f*	die Autobahn
l'avventura *f*	das Erlebnis, das Abenteuer
avvicinarsi	sich nähern
il babbo	der Papa
bravissimo	sehr tüchtig, sehr geschickt
il calendario	der Kalender
la camicia	das Hemd
il capitale	das Kapital, das Vermögen
il capufficio	der Bürochef
carino	hübsch
la carriera	die Karriere
la cassetta	die Kassette
cento: per cento	Prozent
chiaro *(agg.)*	klar
la coda	die Schlange *(Reihe)*
la collezione	die Sammlung
fare la collezione	sammeln
la colonna	die Kolonne
completo *(agg.)*	voll, vollständig
al completo	voll, ausverkauft
concentrare	konzentrieren
la concentrazione	die Konzentrierung
il congiuntivo	der Konjunktiv
consecutivo	hintereinander
conveniente *(agg.)*	angemessen, passend
costoso	teuer
cucire	nähen
davanti a	vor
deserto *(agg.)*	leer, verlassen
il disco	die Schallplatte
il disoccupato	der Arbeitslose
elegante	elegant
esaurito *(agg.)*	ausverkauft
escluso	ausgenommen, außer
la facoltà	die Fakultät
la fatica	die Mühe
faticoso	anstrengend
il fatto	die Angelegenheit
in fatto di	in bezug auf
il favore	der Gefallen
le ferie	der Urlaub, die Ferien
il Ferragosto	der 15. August
ai ferri	mit den Stricknadeln
finora	bis jetzt
fisso	fest
folk	Volks . . .
in fondo	im Grunde
la forma	die Form, die Gestalt
formarsi	sich bilden
frequentare	besuchen
fumare	rauchen
il fumo	der Rauch
fuori di	außerhalb
il futuro	die Zukunft
in futuro	künftig, in Zukunft
il genere	die Art
i genitori	die Eltern
i giovani	die Jungen
il golfino	das Wolljäckchen
guadagnare	verdienen
lo hobby *m*	das Hobby
ideale	ideal
l'impianto *m*	die Anlage
l'incisione *f*	die Aufnahme
l'ingresso *m*	der Zugang

iniziare	anfangen
interessare	interessieren
intorno a	um
invece di	statt, anstatt
la laurea	der Doktortitel
laureato *(agg.)*	promoviert
leggero *(agg.)*	leicht
la lettera	der Brief
la località	der Ort
la maglia	die Masche
lavorare a maglia	stricken
mandare	schicken
man mano ~~che~~	~~während~~ allmählich
mantenere	erhalten
marittimo	am Meer
la massa	die Masse
il matrimonio	die Hochzeit
la medicina	die Medizin
il medico	der Arzt
meraviglioso	wunderbar, -schön
il minimo	das mindeste
la moda	die Mode
la musica	die Musik
la necessità	die Notwendigkeit
negativo	negativ, ungünstig
noioso	langweilig, lästig
normale	üblich, normal
nulla: per nulla	gar nicht
il numero chiuso	der Numerus clausus
ognuno	jeder
l'ombrellone *m*	der Sonnenschirm
l'orario *m* di lavoro	die Arbeitszeit
la passione	die Leidenschaft
la penisola	die Halbinsel
la penna	der Kugelschreiber
il pienone	die Menge
i pienoni	»Alles besetzt« *in Hotels usw.*
la politica	die Politik
la popolazione	die Bevölkerung
la possibilità	die Möglichkeit
presente *(agg.)*	der Gegenwart
prima	zuvor
l'anno prima	im letzten Jahr
privato	privat
programmato	programmiert
il pronome	das Pronomen
regalare	schenken
registrare	registrieren, verzeichnen
riferirsi a	sich beziehen auf
rimandare	aufschieben
riposante	erholsam
riposare	erholsam sein
risolvere	lösen
rosso	rot
sbagliare	(sich) irren
scaglionare	staffeln
la scarpa	der Schuh
scegliere (scelto)	wählen (gewählt)
il seguito	die Reihe, die Folge
di seguito	hintereinander
semplice	einfach
lo sforzo	die Anstrengung
la sigaretta	die Zigarette
sostenuto	steigend
si fanno più sostenute	sie wachsen
sportivo	Sport . . ., sportlich
spostarsi	unterwegs sein
stancare	müde machen
la statistica	die Statistik
stesso *(avv.)*	eben
oggi stesso	heute noch
lo stipendio	das Gehalt
superiore	höhere
la tassa	die Steuer, die Gebühr
la teleselezione	der Selbstwählverkehr
un tour de force	eine große Anstrengung
la tradizione	die Tradition
trascorrere	verbringen
la trasmigrazione	die Wanderung
turistico	touristisch
tuttavia	dennoch
uguale	gleich
l'uso *m*	der Gebrauch
utilizzare	nutzen
il vacanziere	der Urlauber
i vecchi	die Alten
il vestito	der Anzug, das Kleid
il vocabolario	der Wortschatz

Unità 15

accidentato	uneben, mit vielen Gebirgen
l'aeroporto *m*	der Flughafen
aggiungere	hinzufügen, -rechnen
l'alcool *m*	der Alkohol
l'aliscafo *m*	das Tragflächenboot
l'altezza *f*	die Höhe
all'altezza di	auf der Höhe von, gleichwertig
altrettanto	ebenfalls
aria: per aria	in der Luft
articolato	mit dem Artikel verschmolzen
assai	sehr, genug
l'assalto *m*	der Angriff
prendere d'assalto	im Sturm nehmen
atterrare	landen
l'attesa *f*	das Warten
in attesa di	in Erwartung
la bandiera	die Fahne, die Flagge
il battello	das Boot, der Dampfer
brullo	kahl
il capo	das Kap
la carta	die (Land-)Karte
le centinaia	Hunderte, viele
la compagnia	die Gesellschaft
la compressa	die Tablette
la comunicazione	die Verbindung
confidenziale	vertraulich
considerare	betrachten, bedenken, berücksichtigen
consigliare	raten, empfehlen
il consiglio	der Rat(schlag)
il controllo	die Kontrolle
il coraggio	der Mut
costiero	Küsten . . .
il cuore	das Herz
la cura	die Behandlung, die Kur
curare	behandeln, heilen

una decina	etwa zehn
decine	Dutzende
decollare	starten
il dente	der Zahn
il dentista	der Zahnarzt
il disturbo	die Störung
i disturbi	die Beschwerden
il dolore	der Schmerz
energico	energisch
entro	in, innerhalb
entro stasera	im Lauf des Abends
l'età *f*	das Alter
evitare	vermeiden
la farmacia	die Apotheke
il farmacista	der Apotheker
la febbre	das Fieber
la ferrovia	die Eisenbahn
ferroviario	Eisenbahn . . .
formale	förmlich
la Francia	Frankreich
la gamba	das Bein
la giornata	der Tag
di giorno	während des Tages
giù	niedergeschlagen
la gola	die Kehle, der Hals
impersonale	unpersönlich
l'infarto *m*	der Infarkt
letteralmente	buchstäblich
la malattia	die Krankheit
mare: per mare	zu Wasser
il mezzo	das Mittel
misurare	messen
da molto	seit langem
mostrare	zeigen
la motonave	das Motorschiff
la nave	das Schiff
notevole	beachtlich
di notte	nachts
notturno	Nacht . . .
il pacchetto	das Päckchen
il passaggio	die Durchfahrt, die Durchreise
di passaggio	auf der Durchreise
la pastiglia	die Pastille
il pericolo	die Gefahr
il petto	die Brust
la pillola	die Pille
il piroscafo	der Dampfer
il porto	der Hafen
posta: per posta	mit der Post
la preposizione	die Präposition
la pressione	der (Blut-)Druck
pronto *(agg.)*	fertig
pugliese	apulisch
il raffreddore	die Erkältung, der Schnupfen
raggiungere	erreichen
essere raggiunto	erreicht werden
recarsi	sich begeben, gehen
rendere	zurückgeben
la rete	das Netz
la rete di strade	das Straßennetz
la ricetta	das Rezept
il rilievo	das Relief, die Oberfläche
ringraziare	danken
il riposo	die Ruhe
sconsigliare	abraten
segnalare (segnalato)	kennzeichnen (gekennzeichnet)
significare	bedeuten, heißen
soggiornare	sich aufhalten
spiegare	erklären, zeigen
stanotte	heute nacht
lo stomaco	der Magen
straniero *(agg.)*	ausländisch, fremd
la superficie	die Oberfläche, die Fläche
il tavolo	der Tisch
la terra	die Erde
a terra	am Boden, niedergeschlagen
per terra	zu Lande
terribile	schrecklich
togliere	(heraus)ziehen, nehmen
tracciare (tracciato)	ziehen, zeichnen (gezogen)
il traghetto	die Fähre
il trapano	der Bohrer
il trasporto	der Transport
il mezzo di trasporto	das Verkehrsmittel
la vela	das Segel
viario	Straßen . . .
la visita	der Besuch
zero	null

Unità 16

l'abilitazione *f*	die Befähigung
accorgersi	merken, bemerken
addormentarsi	einschlafen
aereo *(agg.)*	Luft . . .
l'affresco *m*	die Freske
l'aiuto *m*	die Hilfe
allontanarsi	sich entfernen
altrimenti	sonst
alzarsi	aufstehen
amare	lieben
l'ambiente *m*	die Umgebung, die Umwelt
nel proprio ambiente	in seinem Element
l'amicizia *f*	die Freundschaft
annoiarsi	sich langweilen
arrabbiarsi	wütend werden, sich ärgern
artistico	Kunst . . .
asciugarsi	trocknen, sich abtrocknen
assumere	annehmen, gewinnen
bagnarsi	naß werden, baden
la base	die Grundlage
il bassorilievo	das Basrelief
la calma	die Ruhe
calmarsi	sich beruhigen
il capello	das Haar
il capo	der Kopf
da capo	noch einmal
il capolavoro	das Meisterwerk

la cassa	die Kasse
la cattedrale	die Kathedrale
cavarsela	zurechtkommen
chiaro *(avv.)*	offen, klar
la chiesa	die Kirche
ciascuno	jeder
il Cinquecento	das 16. Jahrhundert
la cittadina	das Städtchen
la collina	der Hügel
colorito	farbig
conservare	bewahren
costruire (costruito)	bauen (erbaut)
la cultura	die Kultur
davanti *(avv.)*	vorn
il dialetto	der Dialekt
dietro *(avv.)*	hinten
il diploma	das Diplom, das Zeugnis
il discorso	die Rede
divertirsi	sich unterhalten, sich amüsieren
il dubbio	der Zweifel, die Ungewißheit
il Duecento	das 13. Jahrhundert
il duomo	der Dom
elementare	Elementar . . .
eppure	dennoch, jedoch
l'esame *m*	die Prüfung
esprimersi	sich ausdrücken
l'estero *m*	das Ausland
la faccia	das Gesicht
la facciata	die Fassade
felice	glücklich
la festa	das Fest
forte *(avv.)*	stark, heftig, sehr
la foto	das Foto
la fretta	die Eile
gotico	gotisch
gratis	kostenlos
innamorarsi	sich verlieben
l'insegnamento *m*	der Unterricht
intanto	inzwischen
internazionale	international
inutile	nutzlos
iscriversi	sich einschreiben, sich anmelden
l'iscrizione *f*	die Einschreibung, die Anmeldung
la libreria	die Buchhandlung
la loggetta	die (kleine) Loggia
medio *(agg.)*	mittlere, Mittel . . .
medioevale	mittelalterlich
meno: fare a meno di	verzichten auf
la mensa	die Mensa *(in Universitäten)*
il metro	der Meter
il monumento	das Monument
muoversi	sich bewegen
neppure	nicht einmal
nervoso	nervös
il nicchione	die Nische
l'occasione *f*	die Gelegenheit
occorrere	nötig sein
offrire	(an)bieten
l'ombrello *m*	der (Regen-)Schirm

la pace	der Frieden
in pace	in Frieden, in Ruhe
il paio	das Paar
il palazzo	der Palast
pentirsi	bereuen
pettinarsi	sich kämmen, sich frisieren
poiché *(cong.)*	weil, denn
poverina!	die Arme!
prepararsi	sich fertigmachen
preparatorio	vorbereitend
presentare	vorzeigen
la presenza	die Anwesenheit
prima di	vor, bevor
ai primi di	(am) Anfang
il progetto	der Plan
il puntino	das Pünktchen
qualsiasi	jede(r), beliebig
ricco	reich
rilasciare	erteilen
rinascimentale	Renaissance . . .
risalire a	zurückgehen auf
romanico	romanisch
salutare	grüßen
sbrigarsi	sich beeilen
sé	sich
con sé	bei sich
sedersi	sich setzen
il segno	das Zeichen
la segretaria	die Sekretärin
di sera	abends
il serio	der Ernst
sul serio	im Ernst
settecentesco	aus dem 18. Jahrhundert
smettere	aufhören
sorgere	stehen
sostenere	*(Prüfung)* ablegen
stancarsi	müde werden
lo straniero	der Ausländer
la struttura	die Struktur
lo studente	der Student
studentesco	Studenten . . .
svegliarsi	aufwachen
il tempo	das Wetter
con questo tempo	bei diesem Wetter
in tempo	rechtzeitig
la terminazione	die Endung
la terra	das Land
il tesoro	der Schatz
la tessera	der Ausweis
timido	schüchtern
il tipo	der Typ
tirare	ziehen
tira vento	es ist windig
tirare su	*(Haare)* aufstecken
il titolo	der Titel
toscano	toskanisch
trattenersi	bleiben, sich aufhalten
triste	traurig
umbro	umbrisch
l'università *f*	die Universität
usufruire	benutzen
la verità	die Wahrheit
vestirsi	sich anziehen
vivo	lebendig, lebend

l'abbigliamento *m*	die Kleidung
accendere	anzünden, anmachen
gli alimentari	die Lebensmittel
l'attimo *m*	der Augenblick
attraverso *(prep.)*	durch
attuale	jetzig
azzurro	blau
benissimo	sehr gut
blu	blau
la busta	der Umschlag
la cabina	die Kabine
la calza	der Strumpf
la calzatura	das Schuhwerk
di calzature	Schuh . . .
la Camera dei deputati	das Abgeordnetenhaus
la camicetta	die Bluse
il capo (di abbigliamento)	das (Kleidungs-)Stück
il capo dello Stato	das Staatsoberhaupt
il cappello	der Hut
il cappotto	der Mantel
la carta da lettere	das Briefpapier
il cerino	das Wachsstreichholz
il chilo	das Kilo
il/la cliente	der Kunde/die Kundin
il colore	die Farbe
la commessa	die Verkäuferin
comporre (composto)	zusammensetzen (gebildet, bestehend)
il condizionale	der Konditional, die Bedingungsform
la confezione	die Konfektion; die Packung
contentarsi	zufrieden sein
controllare	kontrollieren
convincere	überzeugen
corto	kurz
la costituzione	die Verfassung
il cotone	die Baumwolle
cotto *(cuocere)*	gekocht
la cravatta	die Krawatte
crudo	roh
il deputato	der Abgeordnete
direttamente	unmittelbar
la direzione	die Richtung
durare	dauern, halten
la durata	die Dauer
effettivamente	tatsächlich
eleggere (eletto)	wählen (gewählt)
l'espressione *f*	der Ausdruck
esso *(pr.)*	er
essi *(m pl.)*	sie *(pl.)*
un etto *m*	100 Gramm
la fiducia	das Vertrauen
il filtro	der Filter
il fiore	die Blume, die Blüte
il foglio	das Blatt, der Bogen
il fotografo	der Fotograf
il francobollo	die Briefmarke
la frutta	das Obst
il garofano	die Nelke
godere	sich (er)freuen
la gonna	der Rock
il governo	die Regierung
grigio	grau
il guanto	der Handschuh
l'infinito *m*	der Infinitiv
la lana	die Wolle
la legge	das Gesetz
la linea	die Linie, der Schnitt
il lino	das Leinen
un misto lino	ein Leinengemisch
la lista	die Liste
lontano *(avv.)*	weit
la luce	das Licht
il magazzino	das Lager
il grande magazzino	das Kaufhaus
marrone	braun
il mazzo	der Strauß
la mela	der Apfel
il membro	das Mitglied
mezzo: per mezzo di	durch
minimo *(agg.)*	Mindest . . .
il ministro	der Minister
la misura	das Maß
su misura	nach Maß
il misto	das Gemisch
mobile	beweglich
la scala mobile	die Rolltreppe
il negozio	das Geschäft, der Laden
nominare (nominato)	ernennen (ernannt)
gli occhiali	die Brille
l'ordinamento *m*	die Ordnung
ormai	jetzt, nun
il pane	das Brot
il parlamento	das Parlament
il passato remoto	das Präteritum
la pelliccia	der Pelz
il peso	das Gewicht
piano *(avv.)*	langsam
la posa	die Aufnahme *(Foto)*
pratico	praktisch
il presidente	der Präsident
presidenziale	Präsidenten . . .
prestare	leihen
puro	rein
la qualità	die Qualität
il referendum	die Volksabstimmung
regnare	regieren
risparmiare	sparen
il risultato	das Resultat, das Ergebnis, der Ausgang
ritirarsi	einlaufen
la riunione	die Sitzung
il rullino	die Filmrolle
la salute	die Gesundheit
sano	gesund
la scala	die Treppe
la scatola	die Schachtel
lo sconto	der Nachlaß
scuro	dunkel
segreto *(agg.)*	geheim
il senato	der Senat
il senatore	der Senator
simile	ähnlich
sorprendere	überraschen
la spalla	die Schulter
lo specchio	der Spiegel

stirare	bügeln, plätten
la stoffa	der Stoff
stretto *(agg.)*	eng
il suffragio	die Wahl
super *(agg.)*	Super . . .
il tabaccaio	der Tabakverkäufer
il tacco	der Absatz
la taglia	die *(Kleider-)*Größe
la tesi	die Doktorarbeit
il tessuto	der Stoff
la tinta	die Farbe
ugualmente	gleich, ebenso
unito: a tinta unita	einfarbig
universale	allgemein
vendere	verkaufen
verde	grün
la verdura	das Gemüse
la vetrina	das Schaufenster
il vigore	die Kraft
entrare in vigore	in Kraft treten
vivace	lebhaft
il voto	die Abstimmung

Unità 18

abbandonare	allein lassen, verlassen
l'accanimento *m*	die Verbissenheit
addosso *(avv.)*: mi è venuto addosso	er ist gegen mich gekommen, er hat mich umgerissen
l'albero *m*	der Baum
l'alienazione *f*	die Entfremdung
ambo *(agg.)*	beide
ambo i sessi	beide Geschlechter
in anticipo	im voraus
l'appassionato *m*	der leidenschaftliche Liebhaber
appositamente	eigens
assiduo	ausdauernd
l'attaccante *m*	der Stürmer
attento	aufmerksam
stare attento	aufpassen
l'auto *f*	das Auto
avvertire	benachrichtigen
la borsa	die (Hand-)Tasche
il botteghino del lotto	die Lottoannahmestelle
cadere	fallen
calcolare	errechnen
il campo	das Feld
il campo di sci	das Schigelände
la canzone	das Lied
capitare	passieren
il cardigan	die Strickweste, -jacke
a caso	aufs Geratewohl
il ciclismo	der Radsport
il cielo	der Himmel
la colpa	die Schuld
il concorso	der Wettbewerb
la condizione	die Bedingung, die Voraussetzung
considerarsi	sich schätzen
creare	schaffen, verursachen
del cuore	Lieblings . . .
il dado	der Würfel
la delusione	die Enttäuschung
derivare	ableiten
il desiderio	der Wunsch
detrarre (detratto)	abziehen (abgezogen)
disinteressato *(agg.)*	uneigennützig
dispensatore *(agg.)*	spendend
disperato	verzweifelt
la droga	die Droge, das Rauschgift
elencare (elencato)	verzeichnen (verzeichnet)
l'eredità *f*	das Erbe
ereditare	erben
estraniarsi	sich entfremden
estrarre (estratto)	ziehen (gezogen)
l'evasione *f*	die Flucht
la fase	die Phase
il fatto	die Tatsache
sta di fatto che	tatsächlich
ferirsi	sich verletzen
il fianco	die Seite
di fianco	seitlich, von der Seite
a fianco di	neben
il fine	der Zweck
folcloristico	volkstümlich
fortunato	glücklich
il giallo	der Krimi
il giocatore	der Spieler
il gioco	das Spiel
il giro	die Umdrehung; die Rundfahrt
grave	schwer
gridare	schreien
il grido	der Schrei
l'idolo *m*	das Idol
l'incidente *m*	der Unfall
indovinare	erraten
interessato *(agg.)*	interessiert, eigennützig
l'interesse *m*	das Interesse
inutilmente	vergebens
l'inventore *m*	der Erfinder
istituire (istituito)	gründen (gegründet)
lanciare	ausstoßen
ligure	ligurisch
la lotteria	die Lotterie
il lotto	das Lotto
il ludo	das Spiel *(im alten Rom)*
lungo *(prep.)*	entlang
magico	magisch, Zauber . . .
la mania	die Manie
la manifestazione	die Kundgebung
materiale *(agg.)*	materiell
la matita	der Bleistift
la mente	das Gedächtnis
la miseria	das Elend, die Not
morale *(agg.)*	geistig
napoletano	neapolitanisch
il Natale	Weihnachten
di Natale	Weihnachts . . .
la nazionale	die Nationalmannschaft
occidentale	West . . .
oh!	oh!
organizzare (organizzato)	veranstalten (veranstaltet)
l'organizzazione *f*	die Organisation

ospite *(agg.)*	Gast . . .
l'ostinazione *f*	die Hartnäckigkeit
il pallino	die Manie
il pareggio	das Unentschieden
la partecipazione	die Teilnahme
personale	persönlich
in più di	zu mehr als
il pomeriggio	der Nachmittag
praticare	ausüben, treiben
il premio	der Preis
il concorso a premi	das Preisausschreiben
prenotare	bestellen
presente	anwesend
prezioso	wertvoll
pronto?	*am Telefon:* hallo?
psicologico	psychologisch
quotidiano *(agg.)*	täglich, Tages . . .
il regalo	das Geschenk
richiamare	zurückrufen
ripensare	überlegen, seine Meinung ändern
la Riviera	die Riviera *(Küstengebiet)*
rompere	brechen
rompersi la gamba	sich das Bein brechen
la schedina	der (Toto-)Zettel
scherzare	scherzen, Spaß machen
lo scherzo	der Scherz
scherzi a parte	Spaß beiseite
lo sci	der Schi, das Schilaufen
sciare	Schi fahren
la scommessa	die Wette
secolare	jahrhundertealt
il sesso	das Geschlecht
settimanale	wöchentlich
sfuggire	entfliehen
sinistro *(agg.)*	linke
il sistema	das System
sognare	träumen (von)
la somma	die Summe
la sorpresa	die Überraschung
la sorte	das Geschick
estrarre a sorte	auslosen
sostenere	unterstützen
la specie	die Art
lo spettatore	der Zuschauer
spirituale	geistig
sposare	(j–n) heiraten
la squadra	die Mannschaft
lo stadio	das Stadion
il tifo	die fanatische Begeisterung
il tifoso	der Sportfanatiker, der Fan
il totale	die Summe
il totalizzatore	der Totalisator
il toto	das Toto
il totocalcio	das Fußballtoto
l'uscita *f*	der Ausgang
non veder l'ora	es nicht erwarten können
il viso	das Gesicht
la vittoria	der Sieg
dal vivo	direkt *(im Stadion)*

Unità 19

l'acacia *f*	die Akazie
accettare	annehmen, zustimmen
addormentato *(agg.)*	verschlafen
l'adulto *m*	der Erwachsene
aereo: il biglietto aereo	die Flugkarte
l'airone *m*	der Reiher
l'altopiano *m*	die Hochebene
annuvolato	bewölkt, verfinstert
l'appetito *m*	der Appetit
avviarsi	sich auf den Weg machen
badare a	sich kümmern um
la bestemmia	der Fluch
la borsa	die Aktentasche
la borsa di studio	das Stipendium
cambiato *(agg.)*	verändert
la cantilena	die Kantilene, das eintönige Geräusch
il carro	der Karren
il carrubo	der Johannisbrotbaum
la catena	die Kette
il cavallo	das Pferd
chissà	wer weiß
il cognome	der Familienname
la colazione: fare colazione	frühstücken
la coltre	die Decke
il componimento	das Werk
la conchiglia	die Muschel
condurre	führen
contare	zählen, rechnen
la contestazione	die Protestbewegung
la coperta	die Decke
coperto *(agg.)*	bedeckt
la corsa	die Fahrt
costringere	zwingen, zwängen
definitivamente	endgültig
dettare (dettato)	diktieren (diktiert)
la difficoltà	die Schwierigkeit
la distesa	die Fläche
il dominio	die Herrschaft
dovunque	überall
ecc. = eccetera	und so weiter
l'eco *f/m*	das Echo
emigrare	auswandern
l'emigrato *m*	der Auswanderer
l'erba *f*	das Gras
il fanciullo	das Kind
il fiume	der Fluß
in fretta	eilig
fumante *(agg.)*	dampfend
il fumo	der Dunst
gettare	werfen
il Giappone	Japan
il gregge	die Herde
la gru	der Kranich
l'impressione *f*	der Eindruck
l'Inghilterra *f*	England
insieme a	zusammen mit
invece che	statt
il lamento	die Klage
lento	langsam
la libertà	die Freiheit

limitare	begrenzen
la luna	der Mond
la malaria	die Malaria
maledire	verfluchen
la mancanza	der Mangel
mattutino	Morgen . . .
il mestiere	das Handwerk, der Beruf
mezzo *(avv.)*	halb
la morte	der Tod
il morto	der Tote
il motivo	der Grund
il muratore	der Maurer
nemmeno	auch nicht
la nonna	die Großmutter
il nonno	der Großvater
i nonni	die Großeltern
normalmente	gewöhnlich
le nozze	die Hochzeit
nuovamente	von neuem
offendere	beleidigen
opportuno	angebracht, zweckmäßig
l'origine *f*	die Abstammung
l'ospite *m/f*	der Gast
ottenere	bekommen
il paese	das Dorf
la palude	der Sumpf
parecchio *(agg.)*	mehrere
il/la parente	der/die Verwandte
Parigi *f*	Paris
il pascolo	die Weide
il pastore	der Hirt
la patria	die Heimat
la pensione: andare in pensione	in den Ruhestand treten
la periferia	der Stadtrand
pettinato *(agg.)*	gekämmt, frisiert
la pista	der Pfad, der Weg
plurale *(agg.)*	Plural . . .
il poeta	der Dichter
il pozzo	der Brunnen
la prateria	die Grassteppe
di preciso	genau
primo: per primo	als Erster
proibire	verbieten
la radice	die Wurzel
il rammarico	das Bedauern, der Kummer
relativamente	verhältnismäßig
rinfrescare	auffrischen
ritmico	rhythmisch
la riva	das Ufer
rivedere	wiedersehen
il sangue	das Blut
la schiavitù	die Sklaverei
la seta	die Seide
lo sguardo	der Blick
sia . . . che	sowohl . . . als auch
siciliano	sizilianisch
il simbolo	das Symbol
sincero	aufrichtig, ehrlich
singolare *(agg.)*	Singular . . .
sistemarsi	eine Stellung finden; sich einrichten
soddisfatto *(agg.)*	zufrieden
soffiare (soffiato)	blasen (geblasen)
la solitudine	die Einsamkeit
la soluzione	die Lösung
sorpreso *(agg.)*	überrascht, erstaunt
il sorriso	das Lächeln
la sorte	das Schicksal, das Glück
spettinato *(agg.)*	ungekämmt
stabilirsi	sich niederlassen
gli Stati Uniti	die Vereinigten Staaten
la stella	der Stern
la stoppia	die Stoppel
tagliare	schneiden
di tanto in tanto	von Zeit zu Zeit
la tariffa	der Tarif
il tassista	der Taxifahrer
il taxi	das Taxi
il tempio	der Tempel
trascinare	schleppen
tremare	zittern, schwanken
l'uccello *m*	der Vogel
urlare	brüllen, schreien
il vantaggio	der Vorteil
il verso	der Vers
la vestaglia	der Morgenrock
la vista	der Anblick
a prima vista	auf den ersten Blick
la voglia	die Lust
volgare *(agg.)*	vulgär, gemein
Zurigo *f*	Zürich

Unità 20

l'abito *m*	das Kleid
acceso *(agg.)*	laufend, eingeschaltet
l'accordo *m*	die Übereinkunft
l'acino *m*	die Beere
l'acquisto *m*	der Kauf
afferrare (afferrato)	fassen, packen (gefaßt, gepackt)
apprendere	lernen
l'aria *f*	die Miene
l'arma *f*	die Waffe
armato *(agg.)*	bewaffnet
arrestare	verhaften
l'assaggio *m*	die Probe
assicurato *(agg.)*	versichert
l'assicurazione *f*	die Versicherung
assistere (assistito)	anwesend sein (dabeigewesen)
attendere	erwarten
augurarsi	wünschen, hoffen
l'aumento *m*	die Vermehrung
in aumento	zunehmend
autentico	echt
autunnale	herbstlich, Herbst . . .
l'autunno *m*	der Herbst
la banconota	der Geldschein
il bandito	der Bandit
basta di bere	genug getrunken
beh	nun
bene: per bene	anständig
il bicchiere	das Glas
la bottiglia	die Flasche
buttare	werfen, wegwerfen
la caccia	die Jagd
dare la caccia a	jagen nach
la cantina	der Keller
la cassaforte	der Panzerschrank

il cassiere	der Kassierer
la chiacchiera	der Schwatz
fare quattro chiacchiere	ein Schwätzchen halten
coloro *(pl.)* che	diejenigen, welche
colpire	beeindrucken
coltivare (coltivato)	bebauen (bebaut)
il compiacimento	die Befriedigung
il compleanno	der Geburtstag
il complice	der Komplize
confrontare	vergleichen
conquistare	erobern
conservare	aufbewahren
continuo *(agg.)*	ständig, dauernd
contro *(prep.)*	gegen
la cospirazione	die Verschwörung
la damigiana	der Glasballon
il danno	der Schaden
la denuncia	die Anzeige
la differenza	der Unterschied
la diminuzione	das Schwinden
dirigersi	sich wenden
disporre (disposto)	ordnen (angeordnet)
la distanza	die Entfernung
disturbare	stören
disturbarsi	sich Umstände machen
domattina	morgen früh
l'eccellenza *f*	die Vollkommenheit
per eccellenza	schlechthin
l'elemento *m*	der Bestandteil
l'entusiasmo *m*	die Begeisterung
esaudire (esaudito)	erhören (erfüllt)
esportare	exportieren
l'etichetta *f*	das Etikett
il filo	der Draht, die Leitung
fitto *(agg.)*	dicht
la foglia	das Blatt *(Laub)*
fornire (fornito)	versorgen, ausstatten *(hier:* voll)
forte	laut
forzare	aufbrechen
la fronte	die Stirn
il frutto	die Frucht
fuggire	fliehen, flüchten
il furto	der Diebstahl
geloso	eifersüchtig
genuino	echt, natürlich
il gerundio	das Gerundium
la giacca	die Jacke
nel giro di	im Verlauf von
il giudizio	das Urteil, die Meinung
giusto *(avv.)*	gerade, eben
la goccia	der Tropfen
la grandine	der Hagel
il grappolo	die Traube
a grappolo	traubenförmig
ingrassare	dick machen
insistere	(darauf) bestehen
l'inventario *m*	die Bestandsaufnahme
l'inversione *f*	die Umstellung
invitare	einladen
il ladro	der Dieb
litigare	streiten
il locale	der Raum
lucido	klar
il manuale	das Lehrbuch
di meno	weniger
la minaccia	die Drohung
misto a	gemischt mit
moderno	modern
mormorare	murmeln
il motore	der Motor
il motto	die Devise, das Motto
nascondere (nascosto)	verstecken (versteckt)
la natura	die Natur
notare	merken
la notizia	die Nachricht
di nuovo	von neuem, wieder
l'offerta *f*	das Angebot
l'oggetto *m*	der Gegenstand
l'opinione *f*	die Meinung
ordinare	befehlen, bestellen
osservare	beobachten
l'ottimismo *m*	der Optimismus
pallido	blaß, bleich
il palo	der Pfahl
fare da palo	Schmiere stehen
la pazienza	die Geduld
la pelle	die Haut
salvare la pelle	sein Leben retten
pericoloso	gefährlich
la pioggerella	der leichte Regen
la pistola	die Pistole
di plastica	Plastik . . .
la polizia	die Polizei
il portafoglio	die Brieftasche
positivo	positiv, bejahend
a posto	in Ordnung
mettere la testa a posto	den Kopf zurechtsetzen
al posto tuo	an deiner Stelle
poveretto!	der Arme!
pranzare	zu Mittag essen
pregare	bitten
pregiato *(agg.)*	wertvoll
prestigioso	eindrucksvoll
prevedere	voraussehen
la primavera	der Frühling
la produzione	die Produktion
pronunciare (pronunciato)	aussprechen (gesprochen)
il pugno	die Faust
qualcuno	irgend jemand
la raccolta dell'uva	die Weinlese
la rapina	der Raub
rapinare	ausrauben
il recipiente	der Behälter
ricominciare	wieder anfangen
ridicolo	lächerlich
riempire	füllen, vollmachen
rifiutare	ablehnen
rimettersi in movimento	sich wieder in Bewegung setzen
il rischio	die Gefahr
ritrovare	wiederfinden
rubare	stehlen
il sacchetto	die Tüte, der Beutel
salvare	retten
lo scambio	der Austausch
la scaramanzia	die Bannung
per scaramanzia	zur Bannung des Unheils
la scelta	die Wahl

la schiera	die Schar
il sedile	der Sitz
la serratura	das Schloß
sfigurare	sich blamieren
sicuramente	bestimmt, sicher
la soddisfazione	die Zufriedenheit
il soggetto	das Subjekt
la speranza	die Hoffnung
la spinta	der Antrieb
sposarsi	heiraten
stabilire	aufstellen, festlegen
la stagione	die Jahreszeit
stancarsi	müde werden
lo stimolo	der Ansporn
strappare	zerreißen
stupido	dumm
subire	erleiden
svelto *(agg.)*	rasch
svolgersi	sich abspielen
il tappo	der Pfropfen, der Verschluß
targato *(agg.)*	mit Kennzeichen
la tavola	der Tisch
la temperatura	die Temperatur
per tempo	zeitig, früh
il terreno	der Boden, das Land
toccare	berühren, anfassen
ubbidire	gehorchen
uff!	uff!
l'uva *f*	die Weintrauben
la velocità	die Geschwindigkeit
la vendemmia	die Weinlese
il vetro	das Glas, die Scheibe
la vigna	der Weinberg
vinicolo	Wein . . .
violento	heftig
la vite	die Rebe, der Weinstock
coltivato a viti	mit Wein bebaut
la voce	die Stimme
ad alta voce	laut
a bassa voce	leise
sotto voce	leise, halblaut
alla volta	auf einmal
uno alla volta	einer nach dem anderen
il volto	das Gesicht
a volto scoperto	nicht maskiert

Unità 21

abolire	abschaffen
adatto *(agg.)*	geeignet, passend
addirittura	sogar
l'aggettivo *m*	das Adjektiv, das Eigenschaftswort
l'agricoltura *f*	die Landwirtschaft
andarsene	weggehen
l'anima *f*	die Seele
dell'anima	von Herzen
l'animale *m*	das Tier
l'asinello *m*	das Eselchen
aspirare	einatmen
attaccare	kleben
l'attore *m*	der Schauspieler
bagnato *(agg.)*	naß
il barattolo	die Dose, die Büchse
basarsi	sich stützen
bellissimo	sehr schön
il bene	das Gute
gli vuole un bene	er liebt ihn
biondissimo	sehr blond
bollito *(agg.)*	gekocht
bruno	braun, dunkel
il bue	der Ochse
buonissimo	sehr gut
il burro	die Butter
il cacciatore	der Jäger
il cancro	der Krebs *(Krankheit)*
candido	weiß
carissimo	sehr teuer
la cartaccia	der Papierabfall
la casseruola	die Kasserolle
la categoria	die Klasse, die Gruppe
celeste	himmlisch
chinarsi	sich bücken
il cibo	die Speise, das Essen
la colla	der Leim
il collega	der Kollege
la coltura	die Kultur, der Anbau
comodissimo	sehr bequem
in compagnia di	zusammen mit
la conclusione	der Schluß
in conclusione	schließlich
condire (condito)	würzen (gewürzt)
confessare	gestehen
contrario *(agg.)*	entgegengesetzt
il contributo	der Zuschuß
il coperchio	der Deckel
crogiolato	geschmort
il culto	der Kult, die Pflege
delizioso	köstlich
descrivere	beschreiben
dietro *(prep.)*	hinter
difendere	verteidigen, schützen
dimenticarsi	vergessen
dimostrare	zeigen
dipendere	abhängen
distruggere	zerstören
dolce *(agg.)*	süß
il dominatore	der Herrscher
l'economia *f*	die Wirtschaft
elevato *(agg.)*	hoch, wichtig
emanare	ausströmen
l'esempio *m*	das Beispiel
ad esempio, per esempio	zum Beispiel
esigere	verlangen
esitare	zögern, Bedenken haben
estendersi	sich erstrecken
la fabbrica	die Fabrik
il fagiolo	die Bohne
famosissimo	sehr berühmt
la femmina	das Mädchen
fino: fin da	seit
la fonduta	das Fondue
forte: andare forte	schnell gehen
fortissimo	sehr schnell
fradicio	naß, durchnäßt
bagnato fradicio	durch und durch naß
i fratelli	die Geschwister
nel frattempo	in der Zwischenzeit, inzwischen
freddissimo	sehr kalt
il fuoco	das Feuer
il futuro	das Futur

il ghiottone	der Feinschmecker
gigante *(agg.)*	riesengroß
giovanissimo	sehr jung
il grado	der Grad
la grandezza	die Größe
grandissimo	sehr groß
grasso *(agg.)*	fett, reich
il grasso	das Fett
grato	willkommen
la grotta	die Grotte
gustoso	schmackhaft
l'imperativo *m*	der Imperativ
l'impero *m*	das Reich
(all') improvviso	plötzlich
inclinato	geneigt, schief
indipendente	unabhängig
inoltre	außerdem
interessantissimo	sehr interessant
l'interprete *m/f*	der Darsteller, die Darstellerin
interrompere	unterbrechen
l'intruglio *m*	das Gemisch
invecchiare	ablagern
l'invito *m*	die Einladung
laggiù	dort unten
il lavoratore	der Arbeiter, der Berufstätige
legare	binden
pazzo da legare	vollkommen verrückt
legato *(agg.)*	gebunden, verbunden
leggermente	leicht, ein wenig
la lenticchia	die Linse
il lettore	der Leser
la locuzione	die Redewendung
i maccheroni	die Makkaroni
maggiore *(agg.)*	größer, älter
il maggiore	der älteste
magnifico	herrlich, großartig
il maiale	das Schwein
malato	krank
malissimo	sehr schlecht
il manifesto	das Plakat
la manodopera	die Arbeitskräfte
il maschio	der Junge
il materassino	die kleine Matratze
a meno che	es sei denn, daß
la mensa	die Tafel, der gedeckte Tisch
meridionale *(agg.)*	Süd . . .
il meridionale	der Süditaliener
mescolare (mescolato)	mischen (gemischt)
a mezzo	halb, unvollendet
il Mezzogiorno	Süditalien
migliore *(agg.)*	besser
il migliore	der beste
il periodo migliore	die beste Zeit
minore *(agg.)*	jünger
il minore	der jüngste
mite	mild
moltissimo	sehr viel
la mondina	die Unkrautjäterin *(auf Reisfeldern)*
morto	tot
stanco morto	todmüde
la nascita	die Geburt; die Entstehung
natalizio	Weihnachts . . .
il nemico	der Feind
nemmeno	nicht einmal
nuovissimo	sehr neu, ganz neu
la nuvola	die Wolke
l'odore *m*	der Geruch, der Duft
l'olezzo *m*	der Duft
l'oliva *f*	die Olive
l'olivo *m*	der Olivenbaum
l'operaio *m*	der Arbeiter
oppure	oder
ovvero	oder
padano: la pianura padana	die Poebene
il paesaggio	die Landschaft
il parmigiano	der Parmesankäse
pazzo	verrückt
peggiore *(agg.)*	schlechter
il peggiore	der schlechteste
la pena	die Mühe
vale la pena	es lohnt sich
pendente *(agg.)*	schief, geneigt
permesso *(agg.)*	erlaubt
pianissimo	sehr langsam
piano: il primo piano	die Nahaufnahme
piantare	liegenlassen
la pianura	die Ebene
piccolissimo	sehr klein
piegarsi	sich biegen
il pisello	die Erbse
pochissimo	sehr wenig
il poco	das wenige
fra poco	bald, in Kürze
il polentone	»der Norditaliener«
la posizione	die Stellung
il prato	die Wiese
la premessa	die Voraussetzung
presentarsi	erscheinen, auftreten
il presepe	die Krippe
prestissimo	sehr früh
principale	Haupt . . .
pubblicitario	Werbe . . .
pulire	putzen
pulitissimo	seht gut geputzt
pulito *(agg.)*	sauber, geputzt
la pulizia	die Sauberkeit, das Putzen
la punta	die Spitze
puntuale *(agg.)*	pünktlich
quadrato *(agg.)*	Quadrat . . .
raccogliere	aufheben
il ramo	der Ast, der Zweig
il rapporto	die Beziehung
in rapporto a	im Verhältnis zu
raro	selten
il re	der König
reciproco	gegenseitig
vale la reciproca	das gilt umgekehrt
il regno	das (König-)Reich
la religione	die Religion
ricavare (ricavato)	herausholen (herausgeholt)
ricchissimo	sehr reich
la ricostruzione	die Rekonstruktion
rinviare	verschieben
la risaia	das Reisfeld
il riso	der Reis
il risotto	der Reis *(Gericht)*
rispettare	achten, schonen
il rispetto	die Achtung, der Respekt
la roccaforte	die Hochburg

il sacrificio	das Opfer
sacro	heilig
il salario	der (Arbeits-)Lohn
i salumi	die Wurstwaren
scavato *(agg.)*	ausgehöhlt
la scena	die Szene
scoccare	schlagen
scolpire (scolpito)	einschneiden (eingeschnitten)
scomodo	unbequem
scoppiare	losbrechen
scotto *(agg.)*	zerkocht
sé: va da sé che	natürlich, selbstverständlich
secco	trocken
il sedano	Sellerie
semplicissimo	sehr, ganz einfach
il settentrionale	der Norditaliener
sfondato	bodenlos
ricco sfondato	steinreich
il significato	die Bedeutung
simpatico	sympathisch
sino: sin da	von . . . an
la situazione	die Situation
soave	süß, angenehm
solitamente	gewöhnlich
al solito	gewöhnlich
sopportare	vertragen
sopra *(prep.)*	über
sorgere (sorto)	entstehen (entstanden)
sorpassare	überholen
la sostanza	die Substanz
spaccato *(agg.)*	gespalten
spandersi	sich ausbreiten
sparire	verschwinden
specializzato	spezialisiert
l'operaio specializzato	der Facharbeiter
sporco	schmutzig
la stagionatura	die Ablagerung, die Reifung
stanchissimo	sehr müde
lo stracotto	der Schmorbraten
lo strutto	das Schmalz
il suddito	der Untertan
il sugo	die Soße
suonare	läuten
superare	überragen
il tacchino	der Puter
tantissimo	sehr viel
tardissimo	sehr spät
il tartufo	die Trüffel
il temporale	das Gewitter
il territorio	das Gebiet
tiepido	lau
tipico	typisch
la toma	die Form
la torre	der Turm
trattarsi di	sich handeln um
troncare	abbrechen
troneggiare	emporragen
uccidere	töten
unicamente	allein, nur
valere	gelten, wert sein
il valore	der Wert
avere valore di	gleichbedeutend sein mit
vasto	weit, groß
vegliare	wachen
verticale *(agg.)*	senkrecht
la vetta	der Gipfel, die Spitze
vietato *(agg.)*	verboten
vigilare	wachen
la villa	die Villa
la volontà	der Wille
vuotare (vuotato)	leeren (entleert)
lo zafferano	der Safran
lo zampone	der gefüllte Schweinsfuß

Unità 22

affermare	behaupten
affinché	damit
altissimo	höchst
l'animo *m*	das Gemüt
apprezzare (apprezzato)	schätzen, würdigen (gewürdigt)
approfondire	vertiefen
approvare	einverstanden sein mit, zustimmen
l'argomento *m*	das Thema
arrendersi	sich ergeben
l'artigiano *m*	der Handwerker
assolutamente	absolut
assurdo	widersinnig, absurd
l'atteggiamento *m*	die Haltung, die Einstellung
l'autore *m*	der Autor, der Komponist
autoritario	autoritär
l'avvenimento *m*	das Ereignis
l'avviso *m*	die Meinung
la barba	der Bart
il barbiere	der (Herren-)Friseur
basta che	wenn nur
benché	obwohl
la bluse	der Kittel
la bravura	die Tüchtigkeit
il camiciotto da lavoro	der Kittel
capace	fähig
la carità	die Barmherzigkeit
per carità	um Gottes willen
il cartello	der Anschlag, das Schild
cascare	(um)fallen
castano	kastanienbraun
il cervelletto	das Kleinhirn
il chiuso	der geschlossene Raum
cinematografico	Film . . ., Kino . . .
il cipiglio	das Stirnrunzeln
il collo	der Hals
colpire	schlagen
colto *(agg.)*	gebildet, kultiviert
come (se)	als ob
compiere	vollenden
il comportamento	das Verhalten
comportarsi	sich benehmen
concedere (concesso)	erlauben (erlaubt)
concludere	(ab)schließen
a condizione che	unter der Bedingung, daß
confondere	durcheinanderbringen
il confronto	der Vergleich
la conoscenza	die Bekanntschaft
il consenso	die Zustimmung
contato *(agg.)*	gezählt
al contrario	im Gegenteil, dagegen
convinto *(agg.)*	überzeugt
la corte	der Hof

la data	das Datum
debole	schwach
deciso *(agg.)*	entschieden
la dieta	die Diät
dipendente	abhängig
la frase dipendente	der Nebensatz
il direttore (d'orchestra)	der Dirigent
il diritto	das Recht
discreto	ziemlich gut
il dissenso	der Widerspruch
distrarre	ablenken
divertente	amüsant
drammatico	dramatisch
dubitare	(be)zweifeln
l'educazione *f*	die Erziehung
in effetti	wirklich, in der Tat
egli *(pr.)*	er
esagerare	übertreiben
escludere	ausschließen
eseguire	ausführen
il falegname	der Tischler
la favilla	der Funken
far faville	glänzen
fermo	fest, bestimmt
fidanzato	verlobt
la folla	die Menge, der Andrang
il fornaio	der Bäcker
il forte	die Stärke
fuligginoso	rußig
in generale	allgemein, im allgemeinen
giudicare	beurteilen
la guida	das Verzeichnis
il gusto	der Geschmack
impedire	hindern
impiegare	einsetzen
impossibile	unmöglich
l'indicativo *m*	der Indikativ
indispensabile	unerläßlich
indubbiamente	zweifellos
inferiore	untere
l'influenza *f*	die Grippe
intelligente	intelligent
intorno *(avv.)*	umher, herum
guardarsi intorno	sich umsehen
invitante	einladend, angenehm
l'ipotesi *f*	die Vermutung
l'ironia *f*	die Ironie
il laboratorio	die Werkstatt
lamentarsi	sich beklagen
il latino	das Lateinische
il legno	das Holz
i legumi	die Hülsenfrüchte
il livello	das Niveau
il lunario	der Kalender
sbarcare il lunario	sein Leben fristen
il lupino	die Lupine
il marciapiede	der Bürgersteig
matto	verrückt
maturo	reif, erwachsen
la meccanica	die Mechanik
il meccanico	der Mechaniker
meno: non posso farne a meno	ich kann darauf nicht verzichten
meritarse	verdienen
minore: vietato ai minori di 18 anni	für Jugendliche unter 18 Jahren verboten
il mobile	das Möbel(stück)
il naso	die Nase
la noia	die Langeweile
nonostante che	obwohl
la nuca	das Genick
di nudo	Nackt . . .
odiare	hassen, nicht leiden können
l'officina *f*	die Werkstatt
l'ora *f*: fare le ore piccole	sehr spät zu Bett gehen
l'orchestra *f*	das Orchester
l'oro *m*	das Gold
l'ospedale *m*	das Krankenhaus
ovvio	naheliegend, offenbar
il padrone di casa	der Hauswirt
parere	scheinen, aussehen
la parità	die Gleichberechtigung
il patto	die Bedingung
a patto che	unter der Bedingung, daß
il paziente	der Patient
peggio	schlimmer
permissivo *(agg.)*	erlaubend
pesare	wiegen
la polvere	der Staub
il portacenere	der Aschenbecher
possibile *(agg.)*	möglich
il prefisso	die Vorwählnummer
pretendere	verlangen
prima che	bevor
probabile	wahrscheinlich
probabilmente	wahrscheinlich
il proprietario	der Besitzer
il protagonista	der Hauptdarsteller
provvisorio	unbestimmt
il rapporto	das Verhältnis, die Beziehung
reggere	(aus)halten
la regia	die Regie
la regola	die Regel
la relazione	die Beziehung
del resto	außerdem
ridurre (ridotto)	machen zu (zugerichtet)
rientrare in	gehören zu
rimproverare	vorwerfen, Vorwürfe machen
la riserva	der Vorbehalt, die Reserve
rivolgersi	sich wenden
la roba	das Zeug
è roba da matti!	das sind tolle Sachen!
rovinare	schaden, verderben
salvo	heil
sbarcare	überstehen
scoppiare dal caldo	vor Hitze vergehen
lo scrittore	der Schriftsteller, der Verfasser
sebbene	obwohl
il seguito	die Folge
di seguito	hintereinander
il seme	das Korn
la sensazione	die Empfindung
sensibile	sensibel, zartfühlend
senza che	ohne daß
severamente	streng

la severità	die Strenge
siccome	da, weil
somigliarsi	sich ähneln
in sostanza	im wesentlichen
spaventarsi	zurückschrecken vor
spegnere	löschen, ausmachen
lo spettacolo	die Vorstellung
spingere	treiben
lo spirito	der Geist
lo stato	der Zustand
la statura	die Größe
supporre	vermuten, annehmen
il talento	das Talent
temere	fürchten
togliersi	ausziehen
il torto	das Unrecht
il traffico	der Verkehr
unto *(agg.)*	schmierig
il vagabondo	der Landstreicher
validamente	gut, wirksam
il venditore	der Verkäufer
la vergogna	die Schande
violento	gewalttätig
la violenza	die Gewalt
la visione	die Aufführung
visto che	in Anbetracht dessen, daß
il voto	die Zensur

Unità 23

abituato	gewöhnt
l'addetto *m*	der Angestellte
l'addetto al distributore	der Tankwart
l'agente *m*	der Polizist
l'agitazione *f*	die Aufregung
annunciare	melden, anmelden
l'anticipo *m*	der Vorschuß, der Vorsprung
con molto anticipo	lange vorher
in anticipo	im voraus
approfittare	nutzen, wahrnehmen
artigianale	handwerklich
artigiano *(agg.)*	Handwerks . . .
l'atavismo *m*	*hier:* die Überlieferung
l'autogrill *m*	die Raststätte
l'automobile *f*	das Automobil
l'automobilista *m*	der Autofahrer
l'autostop *m;* fare l'autostop	per Anhalter fahren
la benzina	das Benzin
la boccata: prendere una boccata d'aria	frische Luft schnappen
bucare	eine Panne haben
la capacità	die Fähigkeit
il capolavoro	das Meisterwerk
la caratteristica	das Merkmal, die Eigenschaft
la cifra	die Ziffer
la cocaina	das Kokain
il codice (stradale)	die Straßenverkehrsordnung
cogliere (colto)	pflücken (gepflückt)
commuoversi	gerührt werden
la competizione	der Wettkampf
compilare	ausfüllen
conciliare	gleich bezahlen
consegnare	aufgeben
la contravvenzione	die Übertretung
essere in contravvenzione	eine Übertretung begangen haben
il costo della vita	die Lebenshaltungskosten
il costruttore	der Konstrukteur
la cuccetta	der Liegeplatz
curioso	seltsam, merkwürdig
denso	dick, dicht
il destinatario	der Empfänger
destro *(agg.)*	rechte
determinato *(agg.)*	bestimmt
il direttore	der Direktor
discutere	sprechen, streiten
il distributore	die Tankstelle
il divano	das Sofa
l'eccezione *f*	die Ausnahme
d'eccezione	außergewöhnlich
emiliano	emilianisch
l'emozione *f*	die Gemütsbewegung
essa *(pr.)*	sie *(sing.)*
estetico	ästhetisch
fabbricare	herstellen
il fanalino	das Rücklicht
il faro	der Scheinwerfer
fermo posta	postlagernd
finché	bis
fissare	festmachen, vereinbaren, buchen
la follia	die Verrücktheit
la formula	die Formel
il freno	die Bremse
il furore	die Begeisterung
la gara	der Wettkampf
gareggiare	an einem Wettkampf teilnehmen
il ghiaccio	das Eis
la gioventù	die Jugend
la gomma	der (Gummi-)Reifen
indirizzare	lenken, richten
l'inizio *m*	der Anfang
insolito	ungewöhnlich
intermedio	mittlere
l'intuito *m*	die Intuition
là: di là, in là	hinüber
la lampadina	die Birne
il libretto (di circolazione)	der Zulassungsschein
il limite	die Grenze
liscio	pur *(ohne Zusatz)*; abgefahren *(Reifen)*
il lupo	der Wolf
il lusso	der Luxus
magari!	und ob!
maniaco di	verrückt auf
la maniera	die Art
la mano: dare una mano a qc.	j–m helfen
massimo	Höchst . . .
mica: non . . . mica	nicht
mischiare	(ver)mischen
il mittente	der Absender
il modenese	der Modenaer

il modulo	das Formular
il moto	die Bewegung
mettere in moto	*(Motor)* anlassen
la multa	die Geldstrafe
negato *(agg.)*	unbegabt
l'ora: all'ora	in der Stunde
l'ossessione *f*	die Besessenheit
il parrucchiere	der Friseur
il passeggero	der Passagier
il pasto	die Mahlzeit
la pazzia	die Verrücktheit
il pedale	das Pedal
perdere: lasciar perdere	es laufen lassen
perfetto *(agg.)*	vollkommen, perfekt
permesso?	darf ich?
il permesso	die Erlaubnis
il permesso di soggiorno	die Aufenthaltsgenehmigung
in persona	persönlich
pieno: fare il pieno	volltanken
po': un bel po'	ein gutes Stück
pochissimo	sehr wenig
il portabagagli	der Kofferraum
posteriore	hintere, Hinter . . .
pratico	erfahren
essere pratico di	sich auskennen in
la precisione	die Präzision
preciso *(agg.)*	genau
la prenotazione	die Anmeldung, die Vorbestellung
il primato	der Rekord
a proposito	übrigens
a proposito di	was . . . betrifft, über
la ricevuta	die Quittung
riparare	reparieren
riportare	übertragen
riprendere	wiederaufnehmen
rispedire	wieder senden
la rosa	die Rose
la ruota	das Rad
il sapore	der Geschmack
schiacciare	drücken auf, treten auf
di scorta	Ersatz . . .
segnare	aufschreiben
selvatico	wild
il serbatoio	der Tank
la sicurezza	die Sicherheit
il soggiorno	der Aufenthalt
sostituire	auswechseln, ersetzen
spalancare	aufreißen
la specialità	das Spezialgebiet
spingere	schieben
lo stabilimento	das Werk, die Fabrik
lo stampatello	die Druckschrift
la stazione di servizio	die Tankstelle
la stravaganza	die Extravaganz
la tappa intermedia	die Zwischenstufe
la tecnica	die Technik
il tecnicismo	die Technik
terminare	zu Ende sein
la terrazza	die Terrasse
trasferirsi	umziehen, übersiedeln
il trasformatore	der Umformer
traversare	durchqueren
umano	menschlich
umido	feucht
unito a	verbunden mit
l'utilitaria *f*	der Kleinwagen
il vaglia	die Anweisung
il vagone	der Wagen, der Waggon
il vagone letto	der Schlafwagen
versare	(er)gießen
il vertice	der Höhepunkt
vincere	gewinnen, siegen

Unità 24

abbronzarsi	braun werden
abbronzato	gebräunt, braun
l'aiuola *f*	das Beet
allegro	fröhlich
altro: tutt'altro	im Gegenteil
amante	liebend
poco amante del lavoro	arbeitsscheu
animato *(agg.)*	angeregt
annacquato	gewässert
apparire	(er)scheinen
appollaiato *(agg.)*	gekauert
appuntino	richtig, genau
arrotolato *(agg.)*	aufgerollt
l'articolo *m*	der Artikel, die Ware
attillato	(eng)anliegend
il bottone	der Knopf
attaccare un bottone a qc.	j–n in ein Gespräch verwickeln
il braccio	der Arm
calpestare	zertreten
cantare	singen
la carnagione	die Hautfarbe
il carrello	der Karren
la carta igienica	das Toilettenpapier
il cavallo: essere a cavallo	über den Berg sein
la certezza	die Gewißheit
certo che	bestimmt
il cesso	der Abort
la chiamata «erre»	das R-Gespräch
chiaramente	deutlich, klar
il chiasso	der Lärm
cin cin!	prosit!
il clacson	die Hupe
la clinica	die Klinik
il colpo	der Schlag
il colpo di telefono	der Anruf
il confronto: mettere a confronto con	vergleichen mit
confuso *(agg.)*	wirr
la conseguenza	die Folge, die Folgerung
contenere	enthalten
contrattare	handeln *(beim Kauf)*
il corpo di polizia	das Polizeikorps
cortese	höflich
corto: essere a corto (di soldi)	knapp bei Kasse sein
la costituzione	die Konstitution
costruire	*(Satz)* konstruieren
il costume (da bagno)	der Badeanzug
la curiosità	die Neugierde
il difetto	der Fehler
la dignità	die Würde
diretto *(agg.)*	direkt

la disgrazia	das Unglück
la divisa	die Uniform
ehi	heda
eloquente	beredt
euforico	euphorisch
evviva	hoch, es lebe
la fantasia	die Phantasie
favorire	sich bedienen
il ferroviere	der Eisenbahner
a fianco	neben
fino *(agg.)*	fein, gut
frastornato	benommen
di fresco	frisch, kürzlich
il gabinetto	das Klosett, die Toilette
il gallone	die Tresse
in gamba	tüchtig
generale *(agg.)*	allgemein
generalizzare	verallgemeinern
generoso	großzügig
il gesto	die Geste
la giunta	die Zugabe
per giunta	obendrein
il gomito	der Ellbogen
alzare il gomito	einen über den Durst trinken
grasso *(agg.)*	dick
igienico	hygienisch
l'immagine *f*	das Bild, die Vorstellung
incline	geneigt
incredibile	unglaublich
informare	informieren
ingrassare	dick werden
l'insegna *f*	das Abzeichen
l'intenzione *f*	die Absicht
interloquire	sagen
l'interprete *m/f*	der Dolmetscher, die Dolmetscherin
intervenire	eingreifen, sich einmischen
invidiare	beneiden
ipotetico	hypothetisch
il periodo ipotetico	der Konditionalsatz
lassù	dort oben
lentamente	langsam
le lettere	die Literatur
la facoltà di Lettere	die philosophische Fakultät
levare	heben, (weg)nehmen
la lode	das Lob
il luogo comune	der Gemeinplatz
la macchia	der Fleck
magro	schlank, mager
mai: se mai	allenfalls
il malumore	die Verstimmtheit
di malumore	verstimmt
il mandolino	die Mandoline
la manica	der Ärmel
la merce	die Ware
il micromotore	der Kleinmotor
i militari	das Militär
il miracolo	das Wunder
il negro	der Neger
il nervo	der Nerv
la pacca	der Schlag
il parco	der Park
pari	gleich
alla pari	au pair
da parte	beiseite
la passeggiata	der Spaziergang
la pausa	die Pause
il pensiero	der Gedanke
stare in pensiero per qc.	um j–n besorgt sein
la persiana	der Fensterladen
il piede: su due piedi	gleich, sofort
pigro	faul, träge
da poco	kürzlich
portato per le lingue	sprachbegabt
precedente *(agg.)*	vorhergehend
il pregio	der Vorzug
il pregiudizio	das Vorurteil
la probabilità	die Wahrscheinlichkeit
il progresso	der Fortschritt
proporre	vorschlagen
la proprietà	*hier:* die Sauberkeit
la prova	der Beweis
il proverbio	das Sprichwort
il punto: a buon punto	ziemlich weit
la puntualità	die Pünktlichkeit
la questione	die Frage
riconoscere	erkennen, anerkennen
ridere	lachen
riferire a (riferito a)	sich beziehen auf (bezogen auf)
rinascente	wieder aufblühend
ritardare	sich verspäten
saltare agli occhi	in die Augen springen, auffallen
scadente	minderwertig
scamiciato	hemdsärmelig
lo schema	das Schema, die Darstellung
scommettere	wetten
scomparire (scomparso)	verschwinden (verschwunden)
lo scoppio	der Knall
scucire	auftrennen
la scucitura	die aufgegangene Naht
la sdrucitura	der Riß
semplicemente	einfach
per sempre	für immer
sfuggire: lasciarsi sfuggire	sich entgehen lassen
la simpatia	die Sympathie
sino a	bis
sopra: avere fin sopra i capelli di	etwas satt haben
sospirare	seufzen
la spugna	der Schwamm
stirato *(agg.)*	gebügelt
stordito	betäubt, benommen
lo strappo	die Ausnahme
lo strillone	der Ausrufer
strombazzare	*hier:* hupen
sudato	verschwitzt
superficiale	oberflächlich
la Svizzera	die Schweiz
taciturno	schweigsam
talmente	so, dermaßen
tendere a	neigen zu
tipicamente	typisch
la toilette	die Toilette

tradurre	übersetzen
trapassato: il congiuntivo trapassato	der Konjunktiv Plusquamperfekt
la tristezza	die Traurigkeit
il turco	der Türke
fumare come un turco	wie ein Schlot rauchen
urlante	schreiend
l'urlo *m*	der Schrei
valido	gültig
variare	wechseln, sich verändern
la vendita	der Verkauf
essere in vendita	verkäuflich sein
al verde	ohne Geld
vergognarsi	sich schämen
verosimilmente	wahrscheinlich
il viaggiatore	der Reisende
la villetta	die kleine Villa
volare	fliegen
lo zio	der Onkel

Unità 25

acido	sauer
adattarsi	sich gewöhnen
affacciarsi	*(ans Fenster)* treten
affacciarsi su	blicken auf
affrescato	mit Fresken bemalt
alt	halt
appendere	aufhängen
l'argento *m*	das Silber
gli argenti	das Silbergeschirr
arredare (arredato)	einrichten (eingerichtet)
arrivato *(agg.)*	arriviert
l'arrosto *m*	der Braten
assieme a	(zusammen) mit
l'assistente *m*	der Assistent
in attesa che	*hier zu übersetzen:* und warten darauf, daß
l'attività *f*	die Tätigkeit
ballare	tanzen
battere	schlagen
la battuta	der Takt
sbagliare la battuta	den Faden verlieren
brevissimo	sehr kurz
il bronzo	die Bronze
bruciare (bruciato)	anbrennen (angebrannt)
il cambiamento	der Wechsel
il campanello	die Klingel
suonare il campanello	klingeln
la carta d'identità	der Ausweis
cavarsela	davonkommen, wegkommen
il centimetro	das Zentimetermaß
il certo	das Gewisse
il cervello	das Gehirn
il collezionista	der Sammler
il compito	die Aufgabe
completamente	vollständig
la contemporaneità	die Gleichzeitigkeit
in contrario	dagegen
il contro	das Wider
la costruzione	der Bau
il costume	das Kostüm
dappertutto	überall
i dintorni	die Umgebung
a dirotto	heftig
disperare	verzweifeln
l'ebreo *m*	der Jude
l'elettricista *m*	der Beleuchter
esattamente	genau
la falda	die Krempe
il fattorino	der Eilbote
il fenomeno	das Phänomen
di fianco a	neben
fingere di	(so) tun als ob
a fondo	gründlich
in forma	in Form
la fuga	die Flucht
il giradischi	der Plattenspieler
la gita	der Ausflug
gradevole	angenehm
in grado di	imstande zu
la guerra	der Krieg
l'identità *f*	die Identität
l'imprevisto *m*	der unvorhergesehene Umstand
l'incerto *m*	das Ungewisse
indipendentemente	unabhängig
ingrassato	dick geworden
l'inquadratura *f*	das Bild, die Aufnahme
l'inquilino *m*	der Mieter
l'intellettuale *m*	der Intellektuelle
intendere	wollen, vorhaben
interpretare (interpretato)	darstellen (dargestellt)
tutt'intorno	ringsherum
la lavorazione	die Herstellung
in lungo e in largo	kreuz und quer
lussuosamente	luxuriös
male: andare a male	verderben
il maleducato	der Flegel
la mannequin	das Mannequin
il maresciallo	der Feldwebel
il materiale	das Material
il messaggio	die Nachricht
il metallo	das Metall
mondiale	Welt . . .
il nazista	der Nazi
l'operatore *m*	der Kameramann
l'ordine *m*	die Klasse, der Rang
orizzontale	waagerecht
l'ottocento *m*	das 19. Jahrhundert
il palazzo	das Gebäude
il pallone	der Ball
la panna	die Sahne
passeggiare	spazierengehen
la pelle	das Fell
perseguitato	verfolgt
il pianerottolo	das Podest
il pianista	der Pianist
piano *(agg.)*	eben, flach
il pianoforte	das Klavier
il poliziotto	der Polizist
la porcellana	das Porzellan
il postino	der Postbote
la presa	die Aufnahme
la macchina da presa	die Kamera

presso di	bei
di prima	wie früher
il pro	das Für
la proposta	der Vorschlag
la proprietà	das Eigentum
il provino	die Probeaufnahme
il quadro	das Bild
la raccomandata	das Einschreiben
il regista	der Regisseur
la ricerca	die Forschung
riflettere	nachdenken
riguardare	betreffen
il Rinascimento	die Renaissance
rinunciare	verzichten, ausschlagen
ripetutamente	wiederholt, öfter
la ripresa	die Aufnahme
rischiare	riskieren
il risparmio	die Ersparnis
risultare	bekannt sein; sich ergeben
scarso	knapp
scherzoso	scherzhaft
scientifico	wissenschaftlich
sciogliere	lösen
lo scopo	das Ziel
il segnale	das Zeichen
la serie	die Reihe
la società	die Gesellschaft
sodo	hart
il soffitto	die (Zimmer-)Decke
sonoro *(agg.)*	klingend, Ton . . .
il sonoro	die Tonspur
di sopra	oben, obere
sottile	dünn
il sottufficiale	der Unteroffizier
sparso *(agg.)*	verstreut
storico	historisch
lo strato	die Schicht
lo strumento	das Instrument
il successo	der Erfolg
il tecnico del suono	der Tontechniker
la torta	die Torte, der Kuchen
trascurare	außer acht lassen
il trasloco	der Umzug
turbare	stören
del tutto	ganz, völlig
universitario	Universitäts . . .
vantaggioso	günstig
il velluto	der Samt
velocemente	schnell
la vernice	die Farbe, der Lack
il via	das Startzeichen
la vista: perdere di vista	aus den Augen verlieren
il volume	die Lautstärke
a tutto volume	mit voller Lautstärke

Alphabetisches Wörterverzeichnis

Die Zahlen beziehen sich auf die Unità, in der das betreffende Wort zum erstenmal erscheint. Zwei oder mehr Unità sind dann angegeben, wenn das Wort in verschiedenen Bedeutungen oder in einer anderen Wortklasse Verwendung findet.

Verwendete Abkürzungen:

agg.	aggettivo (Adjektiv)	*prep.*	preposizione (Präposition)
avv.	avverbio (Adverb)	*s.*	sostantivo (Substantiv)
pr.	pronome (Pronomen)	*v.*	verbo (Verbum)

Test 7

Scegliete la frase esatta fra le tre indicate:

1. È di Anna quel giornale? Sì, è suo **(a)**
È di Anna quel giornale? Sì, è sua **(b)**
È di Anna quel giornale? Sì, è a lei **(c)**

2. Mario e Lucia sono usciti con loro bambino **(a)**
Mario e Lucia sono usciti con il loro bambino **(b)**
Mario e Lucia sono usciti con suo bambino **(c)**

„loro" immer mit Artikel!!

3. La mia macchina è più cara che loro **(a)**
La macchina è più cara di la loro **(b)**
La mia macchina è più cara della loro **(c)**

4. È grande Sua città, signor Smith? **(a)**
È grande la tua città, signor Smith? **(b)**
È grande la Sua città, signor Smith? **(c)**

5. È di Carlo quella casa? No, non è sua **(a)**
È di Carlo quella casa? No, è non sua **(b)**
È di Carlo quella casa? No, non è suo **(c)**

6. Il nostro appartamento è meno grande che vostro **(a)**
Il nostro appartamento è meno grande di vostro **(b)**
Il nostro appartamento è meno grande del vostro **(c)**

7. Passerò il fine-settimana con i miei genitori **(a)**
Passerò il fine-settimana con miei genitori **(b)**
Passerò il fine-settimana con i mii genitori **(c)**

8. Qual è Suo sport preferito? **(a)**
Qual è il Suo sport preferito? **(b)**
Qual è lo Suo sport preferito? **(c)**

9. Maria è più giovane che io **(a)**
Maria è più giovane da me **(b)**
Maria è più giovane di me **(c)**

10. Il mio lavoro è più interessante che conveniente **(a)**
Il mio lavoro è più interessante di conveniente **(b)**
Il mio lavoro è più interessante quanto conveniente **(c)**

11. Nella nostra classe ci sono più ragazze che ragazzi **(a)**
Nella nostra classe ci sono più ragazze di ragazzi **(b)**
Nella nostra classe ci sono più ragazze come ragazzi **(c)**

12. Quando vedi Rita, le dici di venire da me, per favore? **(a)**
Quando vedi Rita, la dici di venire da me, per favore? **(b)**
Quando vedi Rita, gli dici di venire da me, per favore? **(c)**

13. Ai tuoi amici non piacciono questi dischi? Sì, gli piacciono **(a)**
Ai tuoi amici non piacciono questi dischi? Sì, loro piacciono **(b)**
Ai tuoi amici non piacciono questi dischi? Sì, li piacciono **(c)**

14. Marco va mai alla partita **(a)**
Mai Marco non va alla partita **(b)**
Marco non va mai alla partita **(c)**

15. Telefoni ora a Giulio? No, forse le telefono stasera **(a)**
Telefoni ora a Giulio? No, forse gli telefono stasera **(b)**
Telefoni ora a Giulio? No, forse lo telefono stasera **(c)**

16. Ieri sera vedevo un film alla tv **(a)**
Ieri sera ho visto un film alla tv **(b)**
Ieri sera sono visto un film alla tv **(c)**

17. Avete fatto molti errori? No, ne abbiamo fatti pochi **(a)**
Avete fatto molti errori? No, ne abbiamo fatto pochi **(b)**
Avete fatto molti errori? No, li abbiamo fatti pochi **(c)**

18. A che ora ha partito da Firenze, signorina? **(a)**
A che ora è partito da Firenze, signorina? **(b)**
A che ora è partita da Firenze, signorina? **(c)**

19. Stamattina Grazia ha giocato a tennis per due ore **(a)**
Stamattina Grazia giocava a tennis per due ore **(b)**
Stamattina Grazia è giocata a tennis per due ore **(c)**

20. A Roma anche ho visto la Fontana di Trevi **(a)**
Anche a Roma ho visto la Fontana di Trevi **(b)**
A Roma ho visto anche la Fontana di Trevi **(c)**

Test 8

Scegliete la frase esatta fra le tre indicate:

1. Non ho capito il Suo nome: me lo ripeta, per favore! **(a)**
Non ho capito il Suo nome: lo mi ripeta, per favore! **(b)**
Non ho capito il Suo nome: mi lo ripeta, per favore! **(c)**

2. Le dà fastidio la finestra aperta? Le la chiudo io! **(a)**
Le dà fastidio la finestra aperta? Te la chiudo io! **(b)**
Le dà fastidio la finestra aperta? Gliela chiudo io! **(c)**

3. Avete reso i soldi a Luisa? Sì, le abbiamo reso **(a)**
Avete reso i soldi a Luisa? Sì, glieli abbiamo reso **(b)**
Avete reso i soldi a Luisa? Sì, glieli abbiamo resi **(c)**

4. In quella trattoria può si mangiare fino a tardi **(a)**
In quella trattoria si può mangiare fino a tardi **(b)**
In quella trattoria si possono mangiare fino a tardi **(c)**

5. Saremo partiti dopo che daremo l'esame **(a)**
Saremo partiti dopo che avremo dato l'esame **(b)**
Partiremo dopo che avremo dato l'esame **(c)**

6. In Italia si può entrare al cinema in qualsiasi momento **(a)**
In Italia la gente possono entrare al cinema in qualsiasi momento **(b)**
In Italia si possono entrare al cinema in qualsiasi momento **(c)**

7. Queste pillole si prende a stomaco vuoto **(a)**
Queste pillole si prendono a stomaco vuoto **(b)**
Queste pillole prendono a stomaco vuoto **(c)**

8. Aldo la si cava bene con l'inglese **(a)**
Aldo si la cava bene con l'inglese **(b)**
Aldo se la cava bene con l'inglese **(c)**

9. Vi siete divertito, ragazzi? **(a)**
Vi avete divertito, ragazzi? **(b)**
Vi siete divertiti, ragazzi? **(c)**

10. Ci si annoia a stare senza far niente **(a)**
Si si annoia a stare senza far niente **(b)**
Si ci annoia a stare senza far niente **(c)**

11. È certamente meglio lavorare poco che essere disoccupati **(a)**
È certamente meglio lavorare poco di essere disoccupati **(b)**
È certamente meglio lavorare poco come essere disoccupati **(c)**

12. Marta è stanca perchè si ha alzato presto **(a)**
Marta è stanca perché si alzava presto **(b)**
Marta è stanca perché si è alzata presto **(c)**

13. Per me è più facile parlare che scrivere in italiano **(a)**
Per me è più facile parlare di scrivere in italiano **(b)**
Per me è più facile parlare del scrivere in italiano **(c)**

14. Una lingua si impara meglio se si ha delle buone basi **(a)**
Una lingua si impara meglio se si hanno delle buone basi **(b)**
Una lingua si impara meglio se ci hanno delle buone basi **(c)**

15. Quei pantaloni si lavano facilmente **(a)**
Quei pantaloni si lava facilmente **(b)**
Quei pantaloni lavano facilmente **(c)**

16. L'italiano è più bello di facile **(a)**
L'italiano è più bello che facile **(b)**
L'italiano è più bello come facile **(c)**

17. In questo paese ci sono più donne che uomini **(a)**
In questo paese ci sono più donne come uomini **(b)**
In questo paese ci sono più donne di uomini **(c)**

18. La mia professione è più difficile di tua **(a)**
La mia professione è più difficile che la tua **(b)**
La mia professione è più difficile della tua **(c)**

19. Hai scritto ai tuoi genitori? No, gli scrivo domani **(a)**
Hai scritto ai tuoi genitori? No, li scrivo domani **(b)**
Hai scritto ai tuoi genitori? No, loro scrivo domani **(c)**

20. Hanno dimenticato i suoi passaporti in albergo **(a)**
Hanno dimenticato i loro passaporti in albergo **(b)**
Hanno dimenticato loro passaporti in albergo **(c)**

Test 9

Scegliete la frase esatta fra quelle indicate:

1. Mi piacerebbe vedere il vestito blu che è in vetrina **(a)**
Mi piacerei vedere il vestito blu che è in vetrina **(b)**
Piacerei vedere il vestito blu che è in vetrina **(c)**

2. Scusi, mi cambiarebbe diecimila lire? **(a)**
Scusi, mi cambierebbe diecimila lire? **(b)**
Scusi, cambierebbemi diecimila lire? **(c)**

3. Non so se rimanere o no. Al posto tuo rimarrei **(a)**
Non so se rimanere o no. Al posto tuo rimanerei **(b)**
Non so se rimanere o no. Al posto tuo rimarrò **(c)**

4. Ti dispiacerebbe prestarmi la penna? **(a)**
Ti dispiaceresti prestarmi la penna? **(b)**
Ti dispiacerei prestarmi la penna? **(c)**

5. Che più spende, meno spende **(a)**
Chi più spende, meno spende **(b)**
Quale più spende, meno spende **(c)**

6. Ho comprato la camicia chi mi piaceva tanto **(a)**
Ho comprato la camicia che mi piaceva tanto **(b)**
Ho comprato la camicia quale mi piaceva tanto **(c)**

7. Stasera vedrò il ragazzo chi ho conosciuto a casa di Mario **(a)**
Stasera vedrò il ragazzo quale ho conosciuto a casa di Mario **(b)**
Stasera vedrò il ragazzo che ho conosciuto a casa di Mario **(c)**

8. Domenica scorsa avrei rimasto volentieri in montagna **(a)**
Domenica scorsa sarei rimasta volentieri in montagna **(b)**
Domenica scorsa rimarrei volentieri in montagna **(c)**

9. Immaginavo che andreste anche voi al cinema **(a)**
Immaginavo che andrete anche voi al cinema **(b)**
Immaginavo che sareste andati anche voi al cinema **(c)**

10. Lo sapevo che prima o poi avreste trovato un buon lavoro **(a)**
Lo sapevo che prima o poi troverete un buon lavoro **(b)**
Lo sapevo che prima o poi trovereste un buon lavoro **(c)**

11. Perché non sei venuta con noi? Ti saresti divertita **(a)**
Perché non sei venuta con noi? Ti avresti divertito **(b)**
Perché non sei venuta con noi? Avresti ti divertito **(c)**

12. Per chi è questo pacchetto? **(a)**
Per il quale è questo pacchetto? **(b)**
Per che è questo pacchetto? **(c)**

13. Marco è caduto e si ha rotto una gamba **(a)**
Marco è caduto e si è rotto una gamba **(b)**
Marco è caduto e si ha rotta una gamba **(c)**

14. Ero sicuro che anche Aldo comprerà un televisore a colori **(a)**
Ero sicuro che anche Aldo comprerebbe un televisore a colori **(b)**
Ero sicuro che anche Aldo avrebbe comprato un televisore a colori **(c)**

15. Perché non hai telefonato? Saremmo passati a prenderti **(a)**
Perché non hai telefonato? Avremmo passato a prenderti **(b)**
Perché non hai telefonato? Ti avremmo passato a prendere **(c)**

16. Se ha una penna in più, mi presterebbe? **(a)**
Se ha una penna in più, me la presterebbe? **(b)**
Se ha una penna in più, me ne presterebbe? **(c)**

17. Andrò a letto dopo che avrò finito questo lavoro **(a)**
Sarò andato a letto dopo che avrò finito questo lavoro **(b)**
Andrò a letto dopo che finirò questo lavoro **(c)**

18. In quel negozio si vende cose di ottima qualità **(a)**
In quel negozio si vendono cose di ottima qualità **(b)**
In quel negozio vende cose di ottima qualità **(c)**

19. A viaggiare per tante ore di seguito ci si stanca **(a)**
A viaggiare per tante ore di seguito si si stanca **(b)**
A viaggiare per tante ore di seguito si ci stanca **(c)**

20. Carla ha sonno perché stamattina si ha dovuto alzare presto **(a)**
Carla è stanca perché stamattina è dovuta alzarsi presto **(b)**
Carla è stanca perché stamattina ha dovuto alzarsi presto **(c)**

Test 10

Scegliete la frase esatta fra le tre indicate:

1. Tanti anni fa mio padre hebbe un incidente sul lavoro **(a)**
Tanti anni fa mio padre ebbe un incidente sul lavoro **(b)**
Tanti anni fa mio padre avette un incidente sul lavoro **(c)**

2. Secondo me, Luigi fece un grosso errore a rifiutare quel lavoro **(a)**
Secondo me, Luigi fecce un grosso errore a rifiutare quel lavoro **(b)**
Secondo me, Luigi facette un grosso errore a rifiutare quel lavoro **(c)**

3. Quell'anno spendei poco per le vacanze **(a)**
Quell'anno spesi poco per le vacanze **(b)**
Quell'anno spensi poco per le vacanze **(c)**

4. Perché tu non dicesti subito che non eri d'accordo? **(a)**
Perché tu non diceste subito che non eri d'accordo? **(b)**
Perché tu non dissi subito che non eri d'accordo? **(c)**

5. Non capisco la ragione per quale non volete restare **(a)**
Non capisco la ragione per cui non volete restare **(b)**
Non capisco la ragione per che non volete restare **(c)**

6. Lucio è un ragazzo con il cui mi trovo molto bene **(a)**
Lucio è un ragazzo con il quale mi trovo molto bene **(b)**
Lucio è un ragazzo con quale mi trovo molto bene **(c)**

7. Chi sono le persone delle quale parlate? **(a)**
Chi sono le persone delle cui parlate? **(b)**
Chi sono le persone di cui parlate? **(c)**

8. Qual è il medico a cui va di solito, signora? **(a)**
Qual è il medico da cui va di solito, signora? **(b)**
Qual è il medico da chi va di solito, signora? **(c)**

9. Ecco i libri che mi avete chiesto **(a)**
Ecco i libri per i quali mi avete chiesto **(b)**
Ecco i libri chi mi avete chiesto **(c)**

10. Da quel giorno non sappi più niente di Sergio **(a)**
Da quel giorno non seppi più niente di Sergio **(b)**
Da quel giorno non sapei più niente di Sergio **(c)**

11. Due anni fa in montagna mi rompei una gamba **(a)**
Due anni fa in montagna mi ruppe una gamba **(b)**
Due anni fa in montagna mi ruppi una gamba **(c)**

12. Questo vino è ottimo: assaggialo anche tu! **(a)**
Questo vino è ottimo: lo assaggia anche tu! **(b)**
Questo vino è ottimo: lo assaggi anche tu! **(c)**

13. Non mi fa perdere la pazienza, Carlo! **(a)**
Non farmi perdere la pazienza, Carlo! **(b)**
Non fammi perdere la pazienza, Carlo! **(c)**

14. Devo dire tutto a Luisa? No, non dirglielo! **(a)**
Devo dire tutto a Luisa? No, non glielo dici! **(b)**
Devo dire tutto a Luisa? No, non diglielo! **(c)**

15. Se hai finito di vedere il giornale, mi lo dà! **(a)**
Se hai finito di vedere il giornale, dammelo! **(b)**
Se hai finito di vedere il giornale, damilo! **(c)**

16. Marco e Rita vanno al concerto: ci vai anche tu! **(a)**
Marco e Rita vanno al concerto: ci va' anche tu! **(b)**
Marco e Rita vanno al concerto: vacci anche tu! **(c)**

17. Quando siamo entrati, il film è già cominciato **(a)**
Quando siamo entrati, il film era già cominciato **(b)**
Quando eravamo entrati, il film cominciò già **(c)**

18. Potresti metterti il vestito blu. Hai ragione, non ci pensai! **(a)**
Potresti metterti il vestito blu. Hai ragione, non ci ho pensato! **(b)**
Potresti metterti il vestito blu. Hai ragione, non ci avevo pensato! **(c)**

19. Dopo che aveva chiuso la porta, Maria si accorse di non avere la chiave **(a)**
Dopo che chiudeva la porta, Maria si accorse di non avere la chiave **(b)**
Dopo che ha chiuso la porta, Maria si accorse di non avere la chiave **(c)**

20. Non ricordo il nome del ragazzo chi mi hai presentato ieri **(a)**
Non ricordo il nome del ragazzo che mi hai presentato ieri **(b)**
Non ricordo il nome del ragazzo quale mi hai presentato ieri **(c)**

21. Conosci la signora chi parla con Carla? **(a)**
Conosci la signora quale parla con Carla? **(b)**
Conosci la signora che parla con Carla? **(c)**

22. Non immaginavo che finireste tanto presto **(a)**
Non immaginavo che avreste finito tanto presto **(b)**
Non immaginavo che finirete tanto presto **(c)**

23. Aldo mi aveva detto che telefonerebbe, invece non l'ha fatto **(a)**
Aldo mi aveva detto che telefonerà, invece non l'ha fatto **(b)**
Aldo mi aveva detto che avrebbe telefonato, invece non l'ha fatto **(c)**

24. Abbiamo vino bianco e vino rosso: quale preferite? **(a)**
Abbiamo vino bianco e vino rosso: che preferite? **(b)**
Abbiamo vino bianco e vino rosso: il quale preferite? **(c)**

25. Carla non può uscire subito, perché si ha appena lavato i capelli **(a)**
Carla non può uscire subito, perché si è appena lavata i capelli **(b)**
Carla non può uscire subito, perché ha appena lavato i suoi capelli **(c)**

Test 11

Scegliete la frase esatta fra quelle indicate:

1. Siamo sicuri che domani ci sarà il sole **(a)**
Siamo sicuri che domani ci sarebbe il sole **(b)**
Siamo sicuri che domani farà il sole **(c)**

2. Lo sapevi che anche Marta studiava l'inglese da tre mesi? **(a)**
Lo sapevi che anche Marta ha studiato l'inglese da tre mesi? **(b)**
Lo sapevi che anche Marta aveva studiato l'inglese da tre mesi? **(c)**

3. Sergio aveva detto che ci aspetterebbe, invece se n'è andato **(a)**
Sergio aveva detto che ci aspetterà, invece se n'è andato **(b)**
Sergio aveva detto che ci avrebbe aspettato, invece se n'è andato **(c)**

4. Tempo fa Antonio mi disse che aveva cambiato idea **(a)**
Tempo fa Antonio mi disse che ha cambiato idea **(b)**
Tempo fa Antonio mi disse che cambiò idea **(c)**

5. Lina ci ha detto che il giorno prima era stato del medico **(a)**
Lina ci ha detto che il giorno prima era stata dal medico **(b)**
Lina ci ha detto che il giorno prima stette dal medico **(c)**

6. Questa birra è molta buona **(a)**
Questa birra è benissimo **(b)**
Questa birra è ottima **(c)**

7. Questo è l'apparecchio il più caro di tutti **(a)**
Questo apparecchio è il più caro di tutti **(b)**
Questo apparecchio è più caro che tutti **(c)**

8. Anna ha detto che non è uscita perché era stanca **(a)**
Anna ha detto che non usciva perché è stata stanca **(b)**
Anna ha detto che non è uscita perché è stata stanca **(c)**

9. Ieri non mi sentivo bene perché tutta la notte non dormivo **(a)**
Ieri non mi sentivo bene perché tutta la notte non ho dormito **(b)**
Ieri non mi sentivo bene perché tutta la notte non avevo dormito **(c)**

10. Mauro guida benissimo **(a)**
Mauro guida ottimo **(b)**
Mauro guida buonissimo **(c)**

11. Bisogna che Lei dorme di più **(a)**
Bisogna che Lei dorma di più **(b)**
Lei bisogna dormire di più **(c)**

12. Può darsi che Rita mi è cercata mentre ero fuori **(a)**
Può darsi che Rita mi cercava mentre ero fuori **(b)**
Può darsi che Rita mi abbia cercato mentre ero fuori **(c)**

13. Crede che io possa dare l'esame, professore? **(a)**
Crede che io poso dare l'esame, professore? **(b)**
Crede che io pota dare l'esame, professore? **(c)**

14. Mi pare che Lei non capischa la nostra situazione **(a)**
Mi pare che Lei non capisca la nostra situazione **(b)**
Mi pare che Lei non capise la nostra situazione **(c)**

15. Nessuno direbbe che quel ragazzo sia solo vent'anni **(a)**
Nessuno direbbe che quel ragazzo abbia avuto solo vent'anni **(b)**
Nessuno direbbe che quel ragazzo abbia solo vent'anni **(c)**

16. Peccato che le vacanze hanno finite! **(a)**
Peccato che le vacanze sono finito! **(b)**
Peccato che le vacanze siano finite! **(c)**

17. Vorrei uscire prima che si fa buio **(a)**
Vorrei uscire prima che si faccia buio **(b)**
Vorrei uscire prima che si farà buio **(c)**

18. Maria vuole venire sebbene non si senta bene **(a)**
Maria vuole venire sebbene non si sente bene **(b)**
Maria vuole venire sebbene non sente bene **(c)**

19. Aspettiamo che ritorna Carla **(a)**
Aspettiamo che ritorni Carla **(b)**
Aspettiamo che ritornerà Carla **(c)**

20. Non so se Gianni abbia già ricevuto la mia cartolina **(a)**
Non so se Gianni riceveva già la mia cartolina **(b)**
Non so se Gianni riceva già la mia cartolina **(c)**

21. Spero proprio che io vengo **(a)**
Spero proprio che io venga **(b)**
Spero proprio di venire **(c)**

22. Se Anna ti chiede la macchina, non gliela da'! **(a)**
Se Anna ti chiede la macchina, non dargliela! **(b)**
Se Anna ti chiede la macchina, non dagliela! **(c)**

23. L'indirizzo deve essere chiaro: scrivetelo a macchina! **(a)**
L'indirizzo deve essere chiaro: lo scrivete a macchina! **(b)**
L'indirizzo deve essere chiaro: lo scriviate a macchina! **(c)**

24. Mi va' a comprare il giornale, per favore! **(a)**
Vami a comprare il giornale, per favore! **(b)**
Vammi a comprare il giornale, per favore! **(c)**

25. Quella sera Mario bevve troppo e il giorno dopo stette male **(a)**
Quella sera Mario beveva troppo e il giorno dopo stette male **(b)**
Quella sera Mario bevette troppo e il giorno dopo statte male **(c)**

Test 12

Scegliete la frase esatta fra le tre indicate:

1. Se Le fa male la testa, esca a prendere una boccata d'aria **(a)**
Se Le fa male la testa, esci a prendere una boccata d'aria **(b)**
Se Le fa male la testa, usci a prendere una boccata d'aria **(c)**

2. Mi spiega qual è il Suo problema! **(a)**
Mi spieghi qual è il Suo problema! **(b)**
Spieghimi qual è il Suo problema! **(c)**

3. Non dimentichi di prendere le medicine, signorina! **(a)**
Non dimentici di prendere le medicine, signorina! **(b)**
Non dimenticare di prendere le medicine, signorina! **(c)**

4. Fa freddo: mettasi anche il cappotto! **(a)**
Fa freddo: si metta anche il cappotto! **(b)**
Fa freddo: si mette anche il cappotto! **(c)**

5. Se Lei ha già messo il sale, me lo passi, per favore! **(a)**
Se Lei ha già messo il sale, me lo passa, per favore! **(b)**
Se Lei ha già messo il sale, passamelo, per favore! **(c)**

6. Vadi piano: è una strada pericolosa! **(a)**
Vada piano: è una strada pericolosa! **(b)**
Anda piano: è una strada pericolosa! **(c)**

7. È un lavoro interessante: non rifiutarlo, signorina! **(a)**
È un lavoro interessante: non lo rifiuti, signorina! **(b)**
È un lavoro interessante: non rifiutilo, signorina! **(c)**

8. Questa carne è andata a male: viene buttato via **(a)**
Questa carne è andata a male: deve buttare via **(b)**
Questa carne è andata a male: va buttata via **(c)**

9. Questo sport va seguito per pochi **(a)**
Questo sport viene seguito da pochi **(b)**
Questo sport è seguito di pochi **(c)**

10. La festa è andata organizzata molto bene **(a)**
La festa è stata organizzata molto bene **(b)**
La festa è venuta organizzata molto bene **(c)**

11. Da chi sei stato detto questo? **(a)**
Questo te lo è stato detto da chi? **(b)**
Da chi ti è stato detto questo? **(c)**

12. Credevo che i negozi fossero aperti fino alle otto **(a)**
Credevo che i negozi siano aperti fino alle otto **(b)**
Credevo che i negozi siano stati aperti fino alle otto **(c)**

13. Sarebbe meglio che voi daste l'esame a giugno **(a)**
Sarebbe meglio che voi deste l'esame a giugno **(b)**
Sarebbe meglio che voi diate l'esame a giugno **(c)**

14. Speravo che Aldo mi prestava la macchina **(a)**
Speravo che Aldo mi presterebbe la macchina **(b)**
Speravo che Aldo mi prestasse la macchina **(c)**

15. Vorrei che qualcuno mi disse in breve come stanno le cose **(a)**
Vorrei che qualcuno mi dicesse in breve come stanno le cose **(b)**
Vorrei che qualcuno mi direbbe in breve come stanno le cose **(c)**

16. Direi che in questo caso si deva chiamare il medico **(a)**
Direi che in questo caso si dovesse chiamare il medico **(b)**
Direi che in questo caso si debba chiamare il medico **(c)**

17. Non avrei mai detto che tanti italiani fossero alti e biondi **(a)**
Non avrei mai detto che tanti italiani siano alti e biondi **(b)**
Non avrei mai detto che tanti italiani sarebbero alti e biondi **(c)**

18. Credevo che Maria si fosse sposata con Luigi **(a)**
Credevo che Maria si avesse sposato con Luigi **(b)**
Credevo che Maria avesse sposato a Luigi **(c)**

19. Se tornassi indietro, rifacessi lo stesso **(a)**
Se tornerei indietro, rifacessi lo stesso **(b)**
Se tornassi indietro, rifarei lo stesso **(c)**

20. Se l'avesse saputo in tempo, sarebbe venuta anche Luisa **(a)**
Se l'avrebbe saputo in tempo, fosse venuta anche Luisa **(b)**
Se l'avesse saputo in tempo, avrebbe venuto anche Luisa **(c)**

21. Se avrei appetito non farei complimenti **(a)**
Se abbia appetito non facessi complimenti **(b)**
Se avessi appetito non farei complimenti **(c)**

22. Quel giorno mi dissero che il mese dopo si trasferirebbero a Genova **(a)**
Quel giorno mi dissero che il mese dopo si sarebbero trasferiti a Genova **(b)**
Quel giorno mi dissero che il mese dopo si fossero trasferiti a Genova **(c)**

23. Rita aveva detto che avrebbe comprato la macchina **(a)**
Rita aveva detto che comprerebbe la macchina **(b)**
Rita aveva detto che comprerà la macchina **(c)**

24. Franco parla un ottimo inglese **(a)**
Franco parla l'ottimo inglese **(b)**
Franco parla un benissimo inglese **(c)**

25. Partirò in treno, a meno che non trovi qualcuno che mi dà un passaggio **(a)**
Partirò in treno, a meno che non troverò qualcuno che mi dà un passaggio **(b)**
Partirò in treno, a meno che non trova qualcuno che mi dà un passaggio **(c)**

Test 13

(Realizzato con le difficoltà più tipiche e frequenti che si trovano nelle precedenti 12 prove)

Scegliete la frase esatta fra le tre indicate:

1. Aspettando il treno ho fumato come un turco **(a)**
Mentre aspettando il treno ho fumato come un turco **(b)**
Durante aspettare il treno ho fumato come un turco **(c)**

2. Ho incontrato per caso Giulio in tornando a casa **(a)**
Ho incontrato per caso Giulio tornando a casa **(b)**
Ho incontrato per caso Giulio mentre tornando a casa **(c)**

3. Piove già? No, ma sta piovendo **(a)**
Piove già? No, ma va a piovere **(b)**
Piove già? No, ma sta per piovere **(c)**

4. Ho studiato il spagnolo per più di un anno **(a)**
Ho studiato lo spagnolo per più di un anno **(b)**
Ho studiato l'spagnolo per più di un anno **(c)**

5. Anche lavoro il sabato **(a)**
Il sabato lavoro anche **(b)**
Lavoro anche il sabato **(c)**

6. L'anno scorso dettero l'esame pochi studenti **(a)**
L'anno scorso darono l'esame pochi studenti **(b)**
L'anno scorso dierono l'esame pochi studenti **(c)**

7. Spero che io trovi presto un lavoro **(a)**
Spero che io trovassi presto un lavoro **(b)**
Spero di trovare presto un lavoro **(c)**

8. Se non ci fosse stato tanto traffico saremmo arrivati molto prima **(a)**
Se non ci sarebbe stato troppo traffico fossimo arrivati molto prima **(b)**
Se non ci sarebbe stato troppo traffico saremmo arrivati molto prima **(c)**

9. Devo andare dalla posta **(a)**
Devo andare a posta **(b)**
Devo andare alla posta **(c)**

10. Di solito faccio colazione al bar **(a)**
Di solito faccio la colazione al bar **(b)**
Di solito ho la mia colazione al bar **(c)**

11. La madre di Laura ha morto tanti anni fa **(a)**
La madre di Laura è morto tanti anni fa **(b)**
La madre di Laura è morta tanti anni fa **(c)**

12. Ho frequentato un corso d'italiano da qualche mese **(a)**
Frequento un corso d'italiano da qualche mese **(b)**
Frequento un corso d'italiano qualche mese fa **(c)**

13. Questa poltrona è più bella che comoda (a)
Questa poltrona è più bella di comoda (b)
Questa poltrona è più bella quanto comoda (c)

14. Per andare da qui a Roma prende tre ore (a)
Per andare da qui a Roma bisogna tre ore (b)
Per andare da qui a Roma ci vogliono tre ore (c)

15. Hai sentito Carla in questi giorni? Sì, l'ho telefonata ieri (a)
Hai sentito Carla in questi giorni? Sì, le ho telefonato ieri (b)
Hai sentito Carla in questi giorni? Sì, l'ho telefonato ieri (c)

16. Si alzando alle sei, a quest'ora Carla è stanca morta (a)
Essendosi alzata alle sei, a quest'ora Carla è stanca morta (b)
Avendosi alzato alle sei, a quest'ora Carla è stanca morta (c)

17. Dalla finestra ho visto Antonio passeggiando con una ragazza (a)
Dalla finestra ho visto Antonio che passeggiava con una ragazza (b)
Dalla finestra ho visto Antonio chi passeggiava con una ragazza (c)

18. Cambiato i soldi, siamo andati a fare spese (a)
Dopo cambiare i soldi, siamo andati a fare spese (b)
Cambiati i soldi, siamo andati a fare spese (c)

19. Ha la macchina? Sì, ce l'ho (a)
Ha la macchina? Sì, ho la (b)
Ha la macchina? Sì, ho (c)

20. Direi che a quest'ora non convenisse più uscire (a)
Direi che a quest'ora non convenga più uscire (b)
Direi che a quest'ora non conveniamo più uscire (c)

21. Capii subito che loro non hanno detto la verità (a)
Capii subito che loro non disero la verità (b)
Capii subito che loro non avevano detto la verità (c)

22. Si accomodi, signorina! (a)
Si accomoda, signorina! (b)
Accomodisi, signorina! (c)

23. Le lezioni sono tenute per bravi professori (a)
Le lezioni sono tenute da bravi professori (b)
Le lezioni si tiene da bravi professori (c)

24. Piacerei fare anche il corso medio (a)
Mi piacerei fare anche il corso medio (b)
Mi piacerebbe fare anche il corso medio (c)

25. Non dicimi che non hai tempo, per favore! (a)
Non dirmi che non hai tempo, per favore! (b)
Non dimmi che non hai tempo, per favore! (c)

26. Quel giorno seppi che Aldo avrebbe cambiato ufficio da un mese (a)
Quel giorno seppi che Aldo cambiò ufficio da un mese (b)
Quel giorno seppi che Aldo aveva cambiato ufficio da un mese (c)

27. Vorrei un bicchiere vino rosso (a)
Vorrei un bicchiere di rosso vino (b)
Vorrei un bicchiere di vino rosso (c)

28. Che ne diresti di prendere un taxi? Ti stavo facendo la stessa proposta (a)
Che ne diresti di prendere un taxi? Stavo per farti la stessa proposta (b)
Che ne diresti di prendere un taxi? Ti ero facendo la stessa proposta (c)

29. Dopo aver uscito di casa ci siamo accorti che pioveva (a)
Dopo essere usciti di casa ci siamo accorti che pioveva (b)
Dopo uscire di casa ci siamo accorti che pioveva (c)

30. Dopo cena andiamo a trovare degli amici (a)
Dopo cena andiamo per degli amici (b)
Dopo cena andiamo a degli amici (c)

31. Come si chiama il tuo cane, signor Rossi? (a)
Come si chiama il Suo cane, signor Rossi? (b)
Come si chiama Suo cane, signor Rossi? (c)

32. Da giovane avevo molti amici, ora ho pochi (a)
Da giovane avevo molti amici, ora li ho pochi (b)
Da giovane avevo molti amici, ora ne ho pochi (c)

33. Paolo e Rita arriveranno fra due settimane (a)
Paolo e Rita arriveranno in due settimane (b)
Paolo e Rita arriveranno due settimane fa (c)

34. Marco e Anna vengono con loro macchina (a)
Marco e Anna vengono con la loro macchina (b)
Marco e Anna vengono con sua macchina (c)

35. Questa sera no ho impegni (a)
Questa sera ho nessun impegno (b)
Questa sera non ho nessun impegno (c)

36. Se non ha ancora visto questo giornale, se lo lascio (a)
Se non ha ancora visto questo giornale, glielo lascio (b)
Se non ha ancora visto questo giornale, te lo lascio (c)

37. Non si deve prendere troppe medicine (a)
Non si devono prendere troppe medicine (b)
Non devono si prendere troppe medicine (c)

38. Se preferite andare via subito, ditemelo! (a)
Se preferite andare via subito, mi ditelo! (b)
Se preferite andare via subito, mi lo dite! (c)

39. Ci si trova bene in un paese straniero quando se ne conosce la lingua (a)
Si ci trova bene in un paese straniero quando se ne conosce la lingua (b)
Lì si trova bene in un paese straniero quando se ne conosce la lingua (c)

40. Sarebbe meglio che veniate anche voi (a)
Sarebbe meglio che veniste anche voi (b)
Sarebbe meglio che venite anche voi (c)

41. Che dice Marco? Sta per dire che è stufo di aspettare (a)
Che dice Marco? Sta dicendo che è stufo di aspettare (b)
Che dice Marco? È dicendo che è stufo di aspettare (c)

42. Ascoltandola ad alto volume questa musica si apprezza meglio (a)
L'ascoltando ad alto volume questa musica si apprezza meglio (b)
Se ascoltandola ad alto volume questa musica si apprezza meglio (c)

43. Esco tutti i giorni a due e mezzo (a)
Esco tutti i giorni in due e mezzo (b)
Esco tutti i giorni alle due e mezzo (c)

44. Tornate subito alla casa? (a)
Tornate subito a casa? (b)
Tornate subito casa? (c)

45. Hai visto Laura? Sì, l'ho visto stamattina (a)
Hai visto Laura? Sì, la vista stamattina (b)
Hai visto Laura? Sì, l'ho vista stamattina (c)

46. Ieri scrivevo una lettera a Mario (a)
Ieri ho scritto una lettera a Mario (b)
Ieri avevo scritto una lettera a Mario (c)

47. Che vivrà, vedrà! (a)
Chi vivrà, vedrà! (b)
Quale vivrà, vedrà! (c)

48. Conosci il signore con chi parla Antonio? (a)
Conosci il signore con quale parla Antonio? (b)
Conosci il signore con cui parla Antonio? (c)

49. Non immaginavo che ci sarebbe stata tanta gente (a)
Non immaginavo che ci sarebbe tanta gente (b)
Non immaginavo che ci sarà stata tanta gente (c)

50. Per me è meglio uscire che guardare la televisione (a)
Per me è meglio uscire di guardare la televisione (b)
Per me è meglio uscire quanto guardare la televisione (c)